魂の教育

よい本は時を超えて人を動かす

魂の教育

よい本は時を超えて
人を動かす

BONAE
LITERAE

Anri Morimoto

森本あんり

岩波書店

目次

I 実存の闇

II　諸宗教の光

III　遍歴する神学

Ⅳ　遥かな成就

I

父の絵(油彩，1975 年頃の作)

実存の闇

1 名付け――『ファーブル昆虫記』

扉を開く

子ども時代の読書体験というのは、いつ頃からのことを言うのだろう。近頃の「ませた」子どもたちと違って、わたしの頃はせいぜい小学校の高学年ぐらいだったと思う。それまでは本を読むより外で遊び回っているほうがよっぽど楽しかった。

あれは中学に入ってすぐのことだったと思うが、学年全体で「ひと月に何冊くらい本を読むか」というアンケートがあった。級友の多くが「二〜三冊」と答えたなかで、「二十冊」というわたしの答えは、しばらく職員室の話題になっていたらしい。先生たちはわたしを見つけるたびに「おまえほんとか、漫画本は数えないんだぞ」と尋ねてきた。そう何度も念を押されてようやく、自分がどうやらとんでもない数を答えてしまったことに気がついた。いや、漫画本を数えたつもりはないし、読書家であることを吹聴したくて嘘をついたわけでもない。それは、月平均で考えたのではなく、尋ねられた直前の月に何冊くらい読んだかを答えただけなのである。それも、新たに手渡された中学一年の教科書一式を含めて。本を読むのはたしかに好きだったけれど、毎月毎月二十冊読んでいたわけではないので、他にどんな本を読んでいたのかと訊かれても思い出せない。

唯一よく覚えているのが、『ファーブル昆虫記』である。これも、あの時代の子どもにとって何ら特別なことではなかった。級友に尋ねてみると、だいたいクラスの半分が『ファーブル昆虫記』派で、残りの半分は『シートン動物記』派だった。だからこうして「わたしの読書体験記」などと銘打って書くような話でもないのだが、実は少しその先があるので、やはりここから始めねばならない。

『ファーブル昆虫記』は、今でもいくつか翻訳が出ているが、わたしが読んだのは、年代からしておそらく古川晴男訳の偕成社版だろう。それは、父がはじめてわたしに買ってきてくれた本で、なぜか全六巻のうちの第五巻だった。今の改訂新版だと、「甲虫ものがたり」という副題がついている。ゴミムシは蟻地獄のような巣を作り、そこに大きな獲物を引きずり込んで食べるとか、「死んだふり」をする虫があると言われるけれど、昆虫は死ということを知らないので、それを真似ることはできない、などというのを読んでは「ふうんなるほどな」と得心していた。誰かが書いた文章を読んで、そこに自分の知らない新しい世界が拡がっていることを知るのは、何だかとっても楽しい冒険だった。内容は幼いけれど、それはそれで真正な読書体験といえるだろう。

ひとたび想像力の翼を与えられると、子どもは次々に本の扉を開き、自分とは別の人生の扉を開いて覗《のぞ》き見るようになる。わたしの場合、たまたまその昆虫記の一冊だけを渡されたのがよかったのだろうと思う。読み終わったわたしは、次々に別の巻を買ってくれるようせがむことになった。最初から一度にぽんと全六巻を手渡されたら、どこから読んでいいかもわからず、圧倒されて結局どこも読み始めることなく終わっていたかもしれない。最近の教育熱心な親なら、第一巻から系統立てて読ませるかもしれないが、それではいかにもつまらなそうだ。読書は、つまみ食いから始めるに限る。幸いわたしの父は、というかあの頃の父親はみな、そこまで考えてはいなかったので、たまたま本屋の店先に並んでいた一冊を買ってきたに相違ない。

しかし、わたしの父には別の意味ではっきりとした意図があった。なぜ『ファーブル昆虫記』なのか。その理由は、題名をこのように書いたのでは見えないところにある。最初の一冊を手渡すとき、父はわたしにこう言った。「これはな、おまえと同じ名前の人が書いた本だよ」そう、これはアンリ・ファーブル著の『昆虫記』なのである。解説によると、このアンリは、南フランスの貧しい村に生まれ、学校の教師となり、退職してから昆虫記を書き始め、後に世界的な名著となるこの本を四十年も書き続けたそうである。父にとって大事だったのは、その名前だった。

定型のお答え

「どうしてそんな名前なのですか」——これは、わたしが半世紀にわたって受け続けた質問である。男の名前にしては珍しいし、ひらがなで書くのはさらに珍しい。小さい頃から名簿の上で女の子に間違われた。学校の身体検査では間違ったグループに入れられたし、大人になってから医者にかかると、診察室へ入った途端に医者はカルテを見直す。電話口で本人確認をする手続きがあれば、しつこく疑われる。

講演に招かれた時などは、妙齢の女性が登場するのを期待して集まった聴衆に、まずお詫びをしてからでないと話を始められない。勝手に間違った想像をするほうが悪いのだが、そういう想像をさせてしまった側の責任はあるかもしれない。真面目な学術書の背にひらがなの著者名があると、どうにも納まりが悪い。余計な誤解を生まないようにと、出版社はわたしの本に顔写真を入れるようになったが、すると今度は、「裏表紙を見てびっくり、禿げたおっさんだった」などという評が書かれる始末である。

自分の名前の由来を尋ねられるのは、あまり嬉しいことではない。プライバシーとまでは言わないが、本当のところはややこみ入った話になるので、初対面で誰にでも打ち明けられるようなことではない。だから授業で学生に聞かれた時には、「いきなりそんなことを訊くものではない」とたしなめる。そうもいかない人には、いくつか定型のお答えを用意してある。

だいたい初対面でそういうことを尋ねる人は、自分の質問には当然答えてもらう、という無邪気な横柄さをおもちなので、わたしもちょっと意地悪になって、「ええ、母方の祖父がフランス人だったものですから」と答える。するとその人は、まじまじとわたしの顔を見直すのが常である。次によくやるのは、「実は聖書から取られた名前です」という答えである。そうすると、だいたい「ああ、やっぱりそうですか」と納得して終わりになることが多い。もちろん、聖書にあんりという名前は出てこない。

過去にわたしからこういう答えをもらった人がおられたら、お詫びをしておきます。すみません、それはみんな嘘です。もう少し興が乗っていれば、「芸名です」と答えるが、そういう人にはたいてい冗談が通じないので、「では本名は何ですか」とさらに突っ込んでくる。しかたがないから、しばらく前までは「木村拓哉です」と答えていたが、さすがに少し古くなったので別の名前を探しているところだ。何かよい候補があればご教示を賜りたい。

こういう話は、どこかで正史を語っておかないと、結局いつまでも訊かれ続けて苦々しい思いをすることになる。といって、そんなプライベート・ヒストリーを真顔で書くようなところもそうざらにあるものではないので、ここに一度だけ書いておきたい。

なお、話の大前提として断っておくとすれば、そもそも名前というものは、自分でつけるものではない。だからその説明責任は、わたしにはない。近頃はいわゆる「キラキラネーム」が流行りだが、親になる方は子どもの人生にひととおり想像を巡らせてから決めるようお勧めしたい。わたしの率直な実感は、「もう少し普通の名前にしてほしかった」である。

最近の大学では、性自認に揺らぎを感じる人への配慮から「自分の名前に違和感をもつ人は、学生部窓口へ申し出てください」などという呼びかけがなされる。自慢にもならないことだが、わたしはかれこれ半世紀以上も違和感をもち続けてきた。

こういう数知れない苦労があったため、わたしも何度か親に命名の由来を尋ねたことがある。実は、既にあげたいくつかの逃げの答えには、もう一つバージョンがある。「画家の父がアンリ・ルソーやアンリ・マティスを好きだったから」という答えで、これは半分くらい正しい。

名付けた父

わたしの父は絵描きだった。戦後の混乱期に美術大学へ通ったが、学費が続かず中退している。風景や人物の油絵が主だが、後には水彩もやり、さらに彫金や篆刻《てんこく》、版画やリソグラフなど、手広く創作芸術を楽しんだ。わたしが生まれた頃が一番貧しくて、食い扶持《ぶち》を稼ぐために大手証券会社に勤めることになり、デザイン部門を担当した。時代はちょうど右肩上がりの高度成長期を迎えていて、全国各地に次々と支店が開設されてゆく。父はそれらの店内レイアウトや広告業務を一手に引き受けた。おかげで、家にはほとんど帰らなかったが暮らし向きは楽になった。その頃、学校へ提出する書類に父の職業を何と書いたらよいかを尋ねると、「グラフィック・デザイナー」という言葉を教えられた。わたしにはどういう意味かよくわからなかったが、それがいちばん当世風だったし、実情にもあっていたのだろう。

その後も絵は描き続けた。個展を開けば、その場でよく売れた。父によると、売り上げは景気指標の一つである新規住宅建設の件数に比例するらしい。絵というものは、美術品というより家具の一種なのだ。ただ、「総理大臣賞」をもらったとかいう八〇号の絵は大きすぎて売れなかったので、「おまえのところへもっていけ」と言われ、今でもわが家の居間の壁に掛けてある。退職後は自宅で小さな絵画教室を続けるかたわら、蔵書票（Ex Libris）という趣味にも手を拡げ、それも結構楽しんだようである。何やら蔵書票を扱う世界的な交流会があるらしく、ときおりわたしが様子を見にゆくと、どこの国から送られてきたのか、何語かもわからない手紙を持ち出してきては「何と書いてあるのか訳してくれ」と無理難題をもちかけられたものである。

そうこうするうちに、七十歳を超えてから夫婦で上海へ移住してしまった。二人とも中国語はからきしできなかったが、そんなことはおかまいなし、日中関係の悪化もどこ吹く風で、人付き合いも上手にあちらの暮らしを満喫していた。移住の実際的な理由は、中国各地で絵画や版画の講師を頼まれるからである。これも、はじめは年寄りの与太話くらいに聞き流していたのだが、あちこちへ最恵待遇で迎えられ、地元のニュースに取り上げられたり、父の名を冠した小さな美術館ができたりしたことを見聞きするに及んで、どうやら本当らしいと納得した次第である。ただ、もらった謝金は国外へ持ち出すことが困難だったとかで、中国内で使い切るためにだいぶ大盤振る舞いをしたらしい。それが喜ばれてまたお声がかかる、という好循環の仕組みだった。結局十年ほどそういう暮らしを楽しんだが、寄る年波に泣く泣く上海の住まいをたたみ、帰国してしばらくのち、先日九六歳で他界した。

情熱と理性

だからわたしの『ファーブル昆虫記』は、絵の具やテレピン油の匂いとともに記憶されている。父がアトリエにしていた二階の部屋には、大きなイーゼルや描きかけの絵がところ狭しと並んでおり、その中にわたしの勉強机も置かれていたからである。父はわたしにも絵を教えたかったようだが、その興味や才能は残念ながらさっぱり遺伝しなかった。アンリ・ルソーやアンリ・マティスという画家の名前を、その匂いの中で聞いた覚えはある。しかし、父の凡庸な風景画はルソーの幻想的なジャングルとは似ても似つかなかったし、マティスの奔放な色使いとも無縁だった。だからこの説も、面倒な説明を避けるのに使う便法の一つにすぎない。

アンリという名前は、ヘンリーやハインリヒやエンリケなどのバリエーションも含め、海外では男の名前と相場が決まっている。しかしどうしたものか、日本ではもっぱら女の子につけられるようで、何人か同名の女性にお会いしたことはある。ウェブで検索すると、何とぴったり同姓同名の「森本あんり」という若い女性の歌手がいたが、現在は改名して活動しておられるようだ。禿げたおっさんと同姓同名では、どうにも売り出しようがなかっただろうから、ご同情申し上げる。

実は、この名前は海外の由来とは何の関係もない。わたしが何度か父に直接聞いたところでは、出生時の届け出は「杏理」で、幼時の記録にはしばしばこの字が使われている。生粋の日本語の名前である。ところが、名前の届け出に使える漢字が制限されており、出生当時は「杏」という字が使えなかった。それで父は、役場の窓口でひらがなに書き換えて登録したのである。

父の思い入れは相当なもので、わたしがやんわりと日々の困惑ぶりを訴えると、「そんなことは気にするな、おまえの名前は世界一すばらしい名前だ」と言うばかりだった。さすがに絵描きは自画自賛が上手い。「杏」という字は、その昔流行した「崑崙《こんろん》越えて」という青春賛歌から取られた、ということである。父の歌唱力ではどんな歌なのかまったくわからなかったが、最近のYouTubeで検索すると、藤山一郎がつややかな甘い声で歌った原曲を聴くことができる。その歌詞に「杏《あんず》花咲け、荒《あれ》野《の》に血潮は燃えて」という一節がある。何でも、崑崙山脈を越えたはるか彼方に、人びとが理想の暮らしを送る美しい村があるらしい。その桃源郷への憧れを歌ったものだそうである。杏の木は、どんなに痩せた荒れ地でも美しい花を咲かせる。だからおまえは、たとえ苦しい環境に置かれても、そこで努力して美しい花を咲かせなさい――いつの間にかそう説諭されて終わるのだった。

歌詞全体を見ると、いかにも大東亜共栄圏の幻を追いかけた軍国主義の時代的な産物だが、父の耳には、はるか遠くに思い見る理想郷への憧れを歌った、まことに若々しくてロマンチックな響きに聞こえるようだった。そういうロマンを追求する熱い血潮と同時に、「理」すなわち冷静にことわりを追求する知性とをもってほしい。その二字の組み合わせの結果が「杏理」なのである。たしかに、欧米で聞く「アンリ」とは何の関わりもないが、崑崙山脈のはるか彼方という意味では、多少とも国際的な由来と言えるかもしれない。

父は上海へ移住する以前、シルクロードの旅に二回出掛けている。一度は途中で大病にかかり、ほとんど死の瀬戸際まで行きながらほうほうの体《てい》で生還したが、それでも懲りずにもう一度出掛けている。画想を得る、というのは表向きの目的で、本音の動機はその崑崙山脈の彼方にあるという桃源郷の縁《よすが》を訪ねることだったらしい。もちろんそんな物語の実体は存在しないけれど、それでも伝説発祥の地に自分の足で立ってみたい、という強い憧れを抱き続けていた。要するに自分がどうしようもないほどのロマンチストだったわけで、子どもにそれを負わせるのも酷な話である。「荒野に血潮は燃えて」の父は、万年青年だった。

あんずとアーモンド

聖書には「杏《あんず》」は出てこないが、「あめんどう」(和名)すなわちアーモンドは何度か登場する。もっともよく知られているのは、旧約聖書「エレミヤ書」の冒頭である。「万国の預言者」として立てられた若きエレミヤは、自分の召命に当惑と躊躇《ちゅうちょ》を感じて逡巡する。その時、主の言葉が彼に臨んで言う。「エレミヤよ、あなたは何を見るか」彼が「あめんどうの枝を見ます」と答えると、神はこう語りかける。「あなたの見たとおりだ。わたしは自分の言葉を行おうとして見張っているのだ」(「エレミヤ書」1章11〜12節)

アーモンドは、ヘブライ語で「シャーケード」といい、「見張る」が「ショーケード」なので、この両語は掛詞《かけことば》になっている。語幹は「目覚める」という意味である。アーモンドは、昔も今もイスラエルの特産品の一つだが、それこそ痩せた土地でも見事な花を咲かせて実をつける。ちょうど日本の梅のように、他にまだ花も葉もない寒さの中で、いきなり白い花が木いっぱいに開くので、「春を告げる花」とも呼ばれている。それで、冬の眠りからの「目覚め」を意味する「シャーケード」という言葉が生きてくるのである。旧約聖書に出てくる預言者の言葉には、こういう語音からの連想が多い。人間の想像力には、神の語りかけを聞く空間がどこかに拡がっているのだろう。

アーモンドと杏は、同じ属である。わたしの名前が聖書から取られたのではないことは確かだが、アーモンドを杏と読み替えると、そこに驚くべき文脈が浮かび上がってくる。あめんどうの花は、自分の意に反し、若くして預言者として立てられたエレミヤの召命体験に深く関わっていた。神は、あめんどうの花を見せることで、人間の思いを超えて神の遥かな計画が実現してゆくことをエレミヤに悟らせようとした。「わたしはあなたをまだ母の胎《たい》につくらないさきに、あなたを知り、あなたがまだ生れないさきに、あなたを聖別し、あなたを立てて万国の預言者とした」(同1章5節)。わたしも、名前に織り込まれた杏の花に、物心つくはるか以前から定められていた不思議な運命の成就を見る。そのことを、わたしは五十歳を目前にしてようやく悟ることになるのだが、それは今ここに書くべきことではない。

2　口火──「良い書物《ボナエ・リテラエ》」

口火をつける

父にせがんで買ってもらった二冊目の『ファーブル昆虫記』は第一巻で、おそらく同書の中でもいちばんよく知られたフンコロガシの話である。いろいろ面白い実験が記録されているが、なかでも不思議なのは、この虫が作業中はちっともフンを転がさない、というところだった。

人間は、丸いものを作ろうとしたら、自然にコロコロとやるだろう。子どもが雪だるまを作る、あのやり方だ。だから、虫たちが動物の糞を上手に丸くお団子にしたのを見つけると、同じように転がして作ったのだろうと想像する。ところが、この虫たちは、ごちそうにありついた途端に、後足を上手に使いながらせっせと左官仕事を続け、結局一度もその場から動くことなく見事な玉を作り上げてしまうのだそうである。そうして完成した後、はじめて自分の巣へと転がしてもってゆき、そこでゆっくりと食べる。そんな話を読むのはとっても不思議で、まるで自分がフンコロガシになって人生(虫生?)を生きているかのような感覚を覚えたものだ。

第二巻は、今の訳本(古川晴男訳、偕成社)で確認すると「かりゅうどばちの観察」で、ジガバチやツチバチの話である。ハチは自分の身体よりずっと大きな獲物を狩り、神経節を狙った一撃で見事に毒を注射し、生きたまま動けなくして餌にする。そうすると、餌は腐ることがないのでずっと食べ続けることができるのである。産み付けられた卵から孵《かえ》った幼虫も、その大きな生ける食料庫を注意深く食べ続ける。餌の虫が死なないように、生命維持に関わりのない部分から口をつけ、最後に神経系や呼吸器を食べる。小さな虫たちがそんな知恵をもっていることにも驚いたが、そういう発見に至るまでに、著者がいろいろ実験をして少しずつ謎を解明してゆくプロセスにも心を惹かれた。単純な成功物語ではない。途中で何度も失敗したり諦めたりするうち、何年もしてから、思いがけず解決の瞬間が訪れる。その経緯がスリルと発見に満ちていて魅力的なのである。

若い頃のファーブルは、中学校で理科の教師をしていたが、給料は「金持ちの家の馬の世話係」よりも安かった。だから生活はとても苦しかったが、好きな本さえ読んでいれば、その間だけは楽しかったという。そんな時に出会ったのが、死んだ昆虫の標本作りをするのではなく、生きた昆虫をそのまま観察する学者の本だった。どうやら、ファーブルにも「ファーブル」がいたらしい。そこで彼は記す。「人間の一生のうちには、一冊の本で、はっと目をひらかれるようなこと」がある。それは、ストーブの焚き口に運ばれた口火のような働きをする。ストーブの中にいくらたくさん薪が積み上げられていても、この口火がなければ火は燃え立たない。もともと昆虫好きだったファーブル先生の心に火をつけたのは、レオン・デュフールという名の博物学者だった。医者でもあったデュフールは、餌の虫が腐らないのはハチがホルマリンのような防腐剤を注入するからだ、と書いている。ファーブルは、その本から多くを学びつつも、実験や観察を通してその説明が間違いであることを発見してゆくのである。

アンリ・ファーブル先生は、こうしてわたしの読書体験に火をつけてくれた。だが残念ながら、似ているのはそこまでである。そんなに面白い読み物なのに、わたしはそれらを読んで虫の世界を想像するだけで、そこに書かれてあることを自分で体験してみようとは一度も思わなかった。フンコロガシが丸い玉を作るのも、ハチが針の一撃で大きな獲物をおとなしくさせるのも、話としては夢中で読んだが、では自分もそういう虫を見つけてきて飼育してみよう、ということにはならなかった。

よく小さな子どもが地面にしゃがみ込んで、じっと虫たちを見続けていることがある。わたしもそんなふうに虫たちの生態を観察したことはあるだろうが、自分の目で実際の姿を見るよりは、誰かの体験談としてそれを読み、空想の中に自分の知らない世界を作り上げて自由に旅をするほうがずっと楽しかった。

それが、おそらくわたしの名前の「杏」の部分だったのだろう。だが、「理」の部分を置き去りにすると、とんでもない結果を引き起こしてしまう。そのことも書いておかねばならない。

アメーバの研究

『ファーブル昆虫記』を夢中で読んだわたしは、中学生になると当然のように理科を好きになった。特に勉強熱心なわけではなかったが、学校の成績はよかった。その頃「アチーブメントテスト」という外部業者のテストが導入され、学年全体で成績の順位が出るようになる。わたしはだいたい一位か二位だった。小中高と一緒で、その後とても親しくなる小田嶋隆も、成績上位者の常連だった。後に彼との交友についても書くことになる。

理科の先生もわたしに目をかけてくれていたので、わたしは夏休みに壮大な自由研究のプロジェクトを立ち上げた。その頃のわたしは、きっかけが何だったのかさっぱり覚えがないのだが、アメーバという生き物に興味をもっていた。原生生物で単細胞、大きさも手頃で、生命の基本的なしくみが見えやすい。細胞の中でゆっくりと原形質を移動させ、足のようなものを出して這い回る。これは勉強してみる甲斐がありそうだ、と思い定めたわたしは、学校の理科室から特別に許可を得て顕微鏡を借り出し、準備万端、大いに張り切って夏休みを迎えたのだった。

ところが、始めた途端に大きな困難にぶつかる。肝心のそのアメーバが、どこに行っても見つからないのである。『ファーブル昆虫記』に倣って、もう少し実験観察の手法を学んでおけばよかったのだろうが、そんなことにはてんで頭が回らなかった。インターネットのない当時の中学生が手にすることのできた文献資料はごくわずかで、そういう文献ではみなアメーバの存在が当然の前提として書かれており、それをどこで見つけたらよいか、などという初心者向けの手順は教えてくれなかった。

わたしは血眼になって付近の小川やドブを浚《さら》い、繰り返し顕微鏡を覗《のぞ》いてみたが、文献に載っているような素敵なアメーバはどこを探しても見当たらない。さんざんドブ浚いを重ねて絶望したわたしは、とりあえず資料に書いてあることをノートに書き写しながら残りの日々を過ごしたが、結局ただの一度も実物を見ることなく夏が終わってしまった。

しかたがないので、その文献丸写しのノートを自由研究として提出したのだが、これがさらに大きな悩みの始まりだった。当時の理科の担当は、岡本先生というお名前で小太りのかわいい眼鏡おじさんだったが、先生はわたしのノートをいたく褒めてくださり、大きな模造紙に書いて廊下に張り出すように、と仰せつかってしまったのである。その時点までに真実を言い出す機会は失われてしまっており、わたしは罪悪感をひた隠しながら何枚もの模造紙に説明入りの詳細な絵を描いて廊下にそれを張り出した。事情を知らない級友たちは、もちろんわたしの偉業を褒めてくれた。

だが、最後の最後になって、岡本先生はわたしを呼び出し、小さな声でお尋ねになったのである。「実はわたしもアメーバを研究してみたいのだが、あれは君がほんとうに実物を見て描いた絵かね」――わたしは先生の目をまっすぐに見返しながら答えた。「はい、そうです」先生は、知っていたに違いない。真面目な生徒だが、実は一度も実物を見ることなく、どこかで見つけてきた資料の絵を手際よく写しただけだ、ということを。でも、それを無慈悲に指摘するのではなく、なるべくわたしを傷つけないような尋ね方をしてくださったのである。それがかえってわたしの良心を苛《さいな》んだ。

先生のわたしに対する態度は、その後も変わることがなかったが、わたしには安堵や感謝とともに、いつもどこかに申し訳ない気持ちが残った。半世紀ほど遅くなってしまったが、やっぱりここにお詫びしておきたい。岡本先生、あれは嘘です。自由研究の中身も全部でっち上げです。ごめんなさい。

より人間らしく

本節の標題とした「ボナエ・リテラエ」は、直訳すると「良い書物たち」だが、もう少し背景を広くとると「優れた・洗練された・品格のある」「文書・手紙・文芸・文学・教養・学問」という意味になる。そんな高雅な標題を掲げつつ、最初に書かねばならなかったのは何ともきまりが悪い子ども時代の暴露話である。まあ、良い本を読めば良い人間になるかというと、そうとも限らない。そんなことは誰でも知っているだろう。では、良い本を読むだけでなく自分でも書いた人はどうか。それもちょっと疑わしい。ハイデガーは知的に優秀だったし古典も読んだようだが、若い頃の彼は野蛮でどす黒くて皮肉で平凡だった。これは「知性」をどう見るかによるのだが、そのことも後で書こうと思っている。当時のわたしの人生も、暗闇に向かってまっしぐらだった。それでもわたしは、良い読書体験は(やがていつか)良い人間形成につながる、と信じることができた幸いな世代の一人である。

「ボナエ・リテラエ」という言葉をよく使ったのは、エラスムスである。それによって彼は、ルネサンス期の幅広い人文主義的な教養を表していた。彼にとっての「良い本」は、キケロやクインティリアヌスやプルタルコスといった古典的著作が中心だったが、分野に限らず読者に良い道徳的感化を与える書物ならすべて、すなわち人間がより人間らしくなるための学び studia humanitatis を与えてくれる書物全般を指していた。人間は、美しい言葉の語りにいざなわれて、未開の洞穴から明るい陽光の射す文明へと足を踏み出した。だから今も、良い書物を読むことでみずからの野蛮な欲望を飼い慣らし、人間が本来的にもっている社会共存性を錬磨して、より完全で円熟した人間へと成長するのである。人間とは、いつも人間になりつつある途上の存在なのだ。

道徳的な書物だけではない。人間性の解放を掲げたルネサンスは、しばしば人間性を抑圧するキリスト教へのアンチテーゼとして語られるが、思想史的に見るとこれはやや浅薄な理解である。ルネサンスの人文主義的な原典批判の興隆なしに、聖書解釈を拠り所とした宗教改革は起きなかっただろうし、宗教改革に結実する人間の目的志向的なエートスなしに、ルネサンスが近代的な人間像や時代形成の原理となることはなかっただろう。エラスムスは、人文主義的な教養とキリスト教的な精神世界を統合し、そこに人間の本来的な超越への志向を見いだしたトレルチ的な文化総合の範例である。

エラスムスは、『痴愚神礼賛』でカトリック聖職者の腐敗を辛辣に批判しつつも、自分自身の宗教的信念には揺らぐところがなかった。だから彼の言う「良い書物」の中には、古典だけでなく、キプリアヌスやヒエロニムスやアウグスティヌスなど、特にキリスト教的な徳をたて信仰の奥義を探ろうとするものが多く含まれていた。彼自身も、『エンキリディオン』に代表されるような神学入門書を数多く執筆している。エラスムスにとって、聖書は「良い本の中の最良の本」だったので、その聖書を理解するのに役立つ本はみな「良い本」だったのである。ルターは自分の魂の救済を求めて修道院に入ったが、エラスムスは修道院がもつ立派な図書館に惹かれ、そこで良い書物を読んで精神を啓発するために修道院に入った、とも言われている。

ところが、そんなに憧れて入ったはずの修道院で彼が出会ったのは、書物による人間の徳の育成などという理想とはほど遠い現実だった。当時の修道士たちは、キリストは無学な漁師たちを弟子にしたのだから、教会の聖職者が教育を受ける必要はない、と主張していた。語るべきことはすべて聖霊が示してくださるから、知識ではなく信仰こそが大事なのだ、と人びとに説いて回っていたのである。時代も文化も違うが、ここは十八世紀アメリカの巡回伝道者たちの反知性主義とよく似ている。

それではまるで、ラクダに踊り方を尋ね、ロバに歌い方を教わるようなものではないか、とエラスムスは言う。彼らは「良き学問」の伝統を破壊し、古典的な文化を軽んずる。そこで彼は、『反野蛮人論』を書いて「自由学芸」(artes liberales)を擁護したのである。良い学問の由来は問わない。たとえ異教徒の発明によるものであっても、優れたものは受け入れて知恵を深めるべきなのである。アウグスティヌスが言うように、知は徳と結びついている。だからやっぱり良い本を読み続ければ良い人間になる、かもしれないのだ。

中世から近世へ

「ボナエ・リテラエ」の概念にわたしがはじめて出会ったのは、中世ではなく十七世紀のニューイングランドという舞台においてである。アメリカ大陸に移植されて発達したピューリタニズムの思想を探り、ハーヴァード大学の初期カリキュラムを調べるうちに、それがほとんど中世以来の人文主義的な古典教育で出来上がっていることを知った。そこに出てきたのが、リベラルアーツと「良い書物」である。

当初のわたしの関心は、ハーヴァードが最初から今日のようなリベラルアーツを主体とする一般大学だったのか、それとも、創立時に掲げられた文章にあるとおり、牧師養成を主目的とする神学校だったのか、という点に向けられていた。この問題はすでに百年ほども論じられていて、どちらの側にもそれぞれ相当の言い分がある。いやそれは両方とも正しいとか、そもそもそういう分け方が間違っている、という答え方もあるが、だとしたらその両者がどのようにして矛盾なく共存していたかが問題なのである。わたしの結論は、学部教育におけるリベラルアーツ的な一般教育こそが、実はプロテスタント的な聖職者養成にもっともふさわしい専門教育だった、というものである。カトリック教会の礼拝では定型的な礼典の執行が中心だが、説教運動として始まったプロテスタンティズムでは、牧師が聖書を解釈しこれを信徒にわかりやすく説明する能力が求められる。古典的な人文主義教育の柱は、何と言ってもギリシア語やラテン語の徹底的な学習で、それこそがプロテスタント聖職者の職業訓練にぴったりだったのである。

現在のハーヴァード大学には神学部も併設されているが、これは創立後二百年を経た十九世紀初めに設置されたもので、中世大学の上級学部に位置づけられた神学部とは無縁である。実のところ、十七世紀の教育カリキュラムには、学部ばかりでなく大学院においてすら、今日的な意味で「神学」に分類されるべき科目はほとんど存在しない。

あるのはただ、伝統的な三学四科のリベラルアーツ、ギリシア語やヘブライ語、アラム語やシリア語などの東方諸言語、それに十二世紀以来加えられたルネサンス的な道徳哲学・自然哲学・形而上学の三哲学だけである。卒業年度になるといわゆる説教演習の授業が加わるが、教義学や教理史など神学プロパーの授業はまったく見当たらない。これは多くのピューリタンが渡航前に卒業したケンブリッジ大学やオックスフォード大学のカリキュラムがそうだったからである。

時代はすでにガリレオとケプラーを生んでいたのに、大学ではいまだにプトレマイオスの天文学が教えられていたし、ベーコンやデカルトの「実験的哲学」を読ませる大学もなかった。この伝統がそのまま初期ハーヴァードへ受け継がれている。一六四二年の九月には最初の卒業式が行なわれたが、九人の卒業生が行なった提題討論はたとえば次のような内容である。

「存在するものはすべて善か」
「因と果は同時か」
「意志は形相的に自由か」
「賢慮は知的徳か道徳的徳か」
「ヘブライ語はすべての言語の母か」

アメリカの源流

アメリカは、ヨーロッパからするとどうしても「中世なき近代」あるいは「宗教改革なきプロテスタンティズム」に見えてしまうようである。しかし、何の準備もなしにいきなりアメリカが近代プロテスタント国家として現象したわけではない。十七世紀のピューリタニズム思想を読む限り、そこには中世からの知的伝統が豊かに脈打っていることがわかる。そして、その知的伝統を長く育んできたのはカトリック教会である。ということは、ピューリタンはプロテスタント陣営の最前線にいたはずなのに、大事なところでカトリックを継承していた、ということになる。これは神学的にはかなり挑戦的な解釈である。

わたしの学位論文はこの連続性を十八世紀まで跡づけたものである。実のところ、旧イングランドでもニューイングランドでもそうなのだが、ピューリタンは教会論や礼典論についてはカトリックの理解を厳しく批判しつつも、それ以外の領域では中世神学の遺産に深く学んでいる。彼らは、当時カトリック神学の中枢を占めていたトマスやスアレスの書物をよく読んでおり、使用する専門術語や論理の運びもそこから多くを受け継いでいる。論題によっては、宗教改革者のルターやカルヴァンよりもカトリック神学者のほうが多く引用されていることがある。そうでなければ、ピューリタン自身の神学を構築するにあたっての土台がなかっただろう。神学史をひととおり学んだ者の耳には、このような連続性や親和性は奇妙に聞こえるかもしれない。しかし、最近わたしが上梓した『不寛容論』（新潮選書）でも同じことが確認できた。寛容は、啓蒙の近代に生まれたのではなく、中世神学においてすでに高度に発達した概念であった。ピューリタニズムは、その理論と実践をそのままアメリカ大陸へ持ち込み、新たな適用方法を編み出していったのである。

完全な独創性などというものは、人間の思想にはごく稀である。われわれの知は、何代にもわたる歴史と伝統の積み重ねの上に展開する。その連綿として受け継がれてきた重層的な知の体系に感謝を抱きつつ、われわれはそこに新たな一枚の薄衣を覆いかけるのである。

3 破局――『CQ ham radio』

「文学」と「科学」？

一六五〇年の特許状を見ると、ハーヴァード大学の設立目的は"all good literature, artes and Sciences"の推進と定められている。ある翻訳書は、これを「あらゆるすぐれた文学、芸術、科学」と訳しているが、あまりに不勉強である。

まず、"good literature"は「文学」ではなく、これまで見てきたボナエ・リテラエすなわち古典的な良書ないし人文主義的な学問一般のことだし、"artes and Sciences"はリベラルアーツ全体のことで、artesは「芸術」ではなく、Sciencesも「科学」ではない。"Liberal Arts and Sciences"を分解すると、"Liberal Arts"と"Liberal Sciences"に分けられる。「リベラルアーツ」に後から「科学」を付け足したわけではない。ArtsとSciencesはここでほとんど互換的に用いられており、どちらも"liber homo"すなわち「自由人」を育てるための教育であって、その総称がbonae literaeなのである。

「リベラルアーツ」という言葉は、近年日本でもよく聞かれるようになったが、その意味内容は論者によってさまざまである。ただ、長くリベラルアーツ教育にかかわってきた者として、一つだけどうしても正しておきたいことがある。それは、リベラルアーツが理系学問を内包しない、という誤解である。最近発表されたある邦語論文では、リベラルアーツがいわゆる文系だけで構成されていることの証拠として、ハーヴァード大学、イェール大学、東京大学、京都大学という四つの「例」が示されている。長い歴史をもつ言葉の意味を探るのに、現代の特定大学の学部構成を眺めてそれを典拠にする、という発想には無理がある。日本の大学がそれをどのように理解しているかはともかく、少なくともここ二千年ほどのあいだ、リベラルアーツには今日的な分類で言う理系学問が含まれていた。

ハーヴァード大学やイェール大学や国際基督教大学が"Arts and Sciences"と呼ぶものは、「文系」と「理系」を別々に並べたわけではなく、人が教養をもつ自由な市民となるために必要なすべての学びを総称したものである。当然のことながら、時代ごとにその呼び方は変化する。今日の分類で「自然科学」や「社会科学」と呼ばれるものは、ほんの少し前までは「自然哲学」「道徳哲学」だった。だから昔も今も、それらはいずれもbonae literaeに含まれるのである。"Science"が現代的な「自然科学」という意味に特化して用いられるようになったのは十八世紀、早くても一七二五年以降のことである。

真空管の時代

岡本先生は、「アメーバの研究」でっち上げ事件にもかかわらず、その後も何かと目をかけてくれた。土曜の午後には周辺校から生徒たちが選ばれて集まる理科特別教室が開かれたが、そこへ連れて行ってくれたのも岡本先生である。そこでいろいろな理科実験に触れたが、小さな電流回路を作る実験をしたことがきっかけで、わたしは電気工学に興味をもつようになった。手始めは、理科好きの子どもが当時よくやったように、鉱石ラジオの組み立てである。これは電源が要らないので、夜中にそっと布団の中へ持ち込んで深夜放送を聴く、という大人の愉しみも経験できた。

その延長で、わたしはアマチュア無線という趣味の世界を見つける。当時のノートが一冊残っていたので見返してみると、コイルの誘導リアクタンスの数式、並列共振回路のインピーダンス、振幅変調と周波数変調の違い、スプリアス発射をどのように防ぐかなど、今のわたしにはほとんど理解できない記述が拙い字でびっしり並んでいる。おそらく、何かの講習会に通って勉強したのだろう。面白いのは、三極管やビーム出力管といった真空管の仕組みがていねいに説明されていることである。トランジスタの説明もあるにはあるが、ごく素っ気ない。昭和四〇年代は、移行の初期だったのだろう。真空管の種類や構造の説明にここまで熱が入っているところは、いかにも時代の香りがする。

そしてわたしは国家試験を受け、晴れて郵政大臣より「無線従事者免許証」をもらった。小さな赤い手帳のような免許証には、坊主頭で学生服を着た童顔の中学二年生が写っている。中学生ハム（アマチュア無線家）は、当時はまだ珍しかったに違いない。ノートを見る限り、当時のわたしもすべてを理解できていたかどうかは怪しい。資格は、いちばん初級の「電話級アマチュア無線技士」というやつだった。アンテナ出力が最大10ワットまでで、普通の会話で通信する。この他に「電信級」というのもあって、これはモールス信号を修得しないとできない。わたしのノートにも、イ「伊東」、ロ「路上歩行」、ハ「ハーモニカ」……と努力した跡は見えるのだが、結局こちらはものにならなかった。その上には「第二級」「第一級」とあって、それぞれアンテナ出力の最大値が大きくなるが、免許取得のための試験もずっと難しい。

無線従事者免許の次は、開局申請である。わたしはこの手続きもきちんと済ませ、めでたく自局開設のためのコールサイン「JR1〇〇〇」をもらった。すると、次はいよいよアマチュア無線を楽しむための機材選びということになる。少なくとも受信機と発信機、それにアンテナが必要だったが、周りにそんな趣味をもっている友達は誰もいなかった。それでわたしがむさぼるように読んだのが、『CQ ham radio』という月刊誌である。

胸躍る機材選び

同誌は今も刊行されている。戦後すぐの一九四六年が創刊で、表紙はわたしが愛読していた頃と変わらず、今も真っ赤な帯に白字のデザインである。先日、当時の同誌を見たくて国会図書館へと出掛けたが、雑誌の実物は劣化していて閲覧できず、すべてデジタル化されていた。画面を通しての再会となったが、それでも毎月自分が心を躍らせつつ見入った頁は、多くの思い出を蘇らせてくれた。

わたしが無線従事者資格を取得した一九七〇年の五月号を見ると、その年の国家試験の解答速報が出ている。法規編は何とか意味くらいは理解できるが、無線工学編は今のわたしには一問も解けそうになかった。毎号胸をわくわくさせながら読んだのは、何と言っても多くのダイヤルとメーターが並んでいる無線機の数々である。なかでも、八重洲無線のフラッグシップ機器は憧れの的だった。全部揃えるとおそらく二十万円近くかかったはずで、もちろんわたしには手が届かなかった。八重洲無線は今でもアマチュア無線業界のトップメーカーとして君臨しているようで、何となく嬉しい。

わたしは自分がそれまで貯めていたお小遣いをすべて投入し、トリオ社(後のケンウッド)のSSB送信機と受信機を購入した。合わせて九万円くらいの代物だったと思う。今から思うと、VHF帯の小さなFMトランシーバーを買えば、値段も安くアンテナ設置も不要だったのに、という気がするが、当時のわたしの頭にはダイヤルとメーターのたくさんついた固定局用の大きな機器しか選択肢になかった。そういう機械を微調整しながら苦労して使いこなし、国内外のハム仲間と楽しくおしゃべりをする、というのがアマチュア無線の醍醐味のはずである。おそらくそれは、今でも自分の使うパソコンは自作のデスクトップでなければならない、と思い込んでいるのと同じだろう。モービルだのラップトップだのは、邪道なのである。

他に必要なのは、電話級なのでマイクとスピーカー、そして何よりもアンテナである。アンテナにもいろいろな選択肢があり、今でも知られている八木やマスプロなどが当時も主要業者だった。少し前までは、どの家庭の屋根にもアナログ放送受信用のテレビアンテナが立てられていたものだが、あれが「八木アンテナ」(より正確には「八木・宇田アンテナ」)で、八木は発明者名・会社名でもあり、製品名でもある。使用する周波数により、必要とされるエレメントの長さは変わってくる。街なかでときたま巨大な八木アンテナを見かけることがあるが、このアンテナには特定方向に強い指向性があるため、軸受けのところに回転用のローターが仕込まれていて、三六〇度どちらの方向にも向けられるようになっている。荷重の計算をして、どういうアンテナにどういうローターを組み合わせるか、などというのもまた楽しい空想だった。春先になると磁気嵐が起き、21メガヘルツや28メガヘルツのハイバンドが良くなるとか、太陽黒点が減少期に入ったので海外局との交信が難しくなったとか、あるいは北米局との交信にはアンテナのビームを真北に向けるのが正しいとか、そういう豆知識を仕込むことができたのも、この『CQ ham radio』のおかげである。

名字のこと

ところが、いざ送受信機を購入し、次にアンテナを設置するという段になって、大きな困難に直面した。結局わたしが導入を期したのはごく控えめなアンテナで、もちろんローターなどはついていない。ただ二階の物干しの柱にくくり付けて使うだけのものである。しかし、物干し場の柱とはいえ、家はもちろん自分のものではないから、親の許可が要る。そしてわたしが住んでいた家は、親のではなく祖父の家だった。

わたしの名前についてはすでに書いたが、名字についても書いておかねばならない。わたしは、生まれた時は森本ではなく福島だった。わたしは福島あんりとして出生登録されたのである。この部分は、自分の人生でいちばん触れたくないところだが、自分がどうして暗いひねくれた人生局面に突入してしまったかを説明せずにその後の歩みを語ることはできないので、なるべく短く記しておく。

生母は心臓が弱く、わたしが五歳の時に亡くなった。今だったら、あるいは当時でも治療費さえあったら、治せた病気かもしれない。母はいつも臥せっていたので、その頃の記憶はほとんどない。母の容態が悪化してから、一年くらいの期間だろうか、わたしはあちこちの親戚へと預けられた。覚えているのは、霊柩車が来て母の亡骸《なきがら》と一緒に乗るように言われたが、わたしは公園へ遊びに行きたくて、乗りたくないとだだをこねたこと、小学一年生になってすぐ、五月の「母の日」に、みんなは赤いカーネーションをもらうのに、なぜかわたしだけ白いカーネーションを渡され、理由を尋ねると先生はただ悲しい顔をして「そういうものだから」と言うだけだったこと、くらいである。思えばいずれも残酷なしきたりだが、当時のわたしがそれで傷ついたかといえば、そうでもない。

その夏に父は再婚した。父と子は川崎から東京北端の赤羽へ引っ越して、名字も変わった。森本の家には未婚の娘がおり、そこへ父が子連れで入籍したのである。祖父母となったその親二人は、はじめからこの取り合わせを喜ばなかった。家柄の違いもあろう。自分たちの大事にしてきた一人娘がいきなり後妻となり継母となったことに、世間体の悪さを感じていたのだと思う。

あちこちへ預けられ、躾《しつ》けらしい躾けを何も受けてこなかった子どもに、二人は容赦がなかった。小学校時代のわたしの日課は、朝は家の前の掃き掃除、夕は家の中の拭き掃除である。これは盆暮れ正月もなく毎日で、それぞれたっぷり三十分はかかった。特に冬は水が冷たく、しもやけとあかぎれだらけの手が恥ずかしかった。祖父にはよく「おまえが嫌いだ」と面と向かって吐き捨てるように言われ、わたしは一人でよく泣いた。何か彼らの気に障ることがあると、「森本の家でそういうことをするな」と叱られたものである。だからわたしは今でも自分の名字が嫌いだ。でも、もし嫌いだからといって下の名前も上の名字も取り替えてしまったら、それでもわたしはわたしであり続けることができるのだろうか。

破局

案の定、祖父はアンテナの設置に猛反対した。戸外にアンテナを立てれば、アンテナ線を引き込むために、家のどこかに穴を開けねばならない。たとえ小さな穴でも、祖父にとっては許すことができなかった。というより、わたしがそんなに夢中になれる趣味を見いだした、ということがそもそも気に入らなかったのだろう。近所でアマチュア無線家の出す電波がテレビの受像を妨害した、という事件も聞き出してきた。こちらの懸念は、今となってはある程度理解できる。当時の『CQ ham radio』誌に、アマチュア無線による電波妨害の苦情がNHKに寄せられた、という記事が掲載されていたからである。

結局、わたしは諦めざるを得なかった。国家試験を受けて免許も取り、開局申請も済ませてコールサインも取得し、有り金をはたいて機材を購入したのに、最後のアンテナ設置で頓挫してしまったのである。こういう時の父はまったく役に立たなかった。わたしの味方をしてくれる時もあったが、そもそも不在がちだったし、家庭内の権力模様では「能天気で無責任な芸術家」という位置づけだったので、紛争時には何の発言力もなかったからである。その頃にはすでに母との仲も険悪で、家庭は崩壊状態だった。

やがて父は大田区の久《く》が原《はら》にマンションの一室を購入し、そこへわたしと二人で移り住むことになった。東京の南端で、おそらくできるだけ森本家から遠くに引っ越したかったのだろう。母は祖父母のもとにとどまり、その後も長く別居状態が続いた。

高校生になったわたしは、相変わらず秋葉原のラジオ街に出掛けて部品を買い集め、小さな電気工作を楽しむことはあったが、アマチュア無線を再開しようという気にはならなかった。かくしてわたしの無線局は、わたしの家庭とともに破局を迎えた。

猥雑な活気

だから『CQ ham radio』を見ると、当時のどん詰まりになった暗澹たる気分と、いろいろな機器を見て心をわくわくさせた時の気持ちが両方とも蘇ってくる。先日、国会図書館の端末でそれを読み返す前には、だいぶ心の準備が必要だった。だが実際に読み返してみると、そこにはせせこましい自分史などとは無関係の、時代の雰囲気を反映させる記事が満載だった。誌面はどこもかしこも活き活きとしている。日本全体が猥雑《わいざつ》な活気に満ち溢れた時代だった。

大阪万博会場に設営された無線局（『CQ ham radio』表紙）

ちょうど大阪万博が開催中で、会場には特別ハム局が設置され、免許をもつ者は誰でも運用に参加できる、と宣伝されていた。地方ごとのアマチュア無線クラブの活動、地区大会の様子を報告した頁。ハム同士の結婚式の写真では、新婚旅行の詳しい旅程まで書いてある。自動車や自転車に積まれた移動局（モービル）の紹介と旅行記。「マイシャック」つまり自分の無線装置を並べた部屋を自慢げに公開する写真では、十九歳の「カワイイ声のお嬢さん」が紹介されている。若い女性ハムを写真付きで紹介するＹＬ（たぶんヤングレディ）コーナーもある。いずれの企画も時代がかっていて、今ならだいぶ趣が違っただろうと思われる。

外国局の紹介は、おそらくＤＸ（海外局との通信）で得たＱＳＬカード（交信証明書）を辿って登場してもらったのだろう。一九七〇年五月号に紹介されていたのは、何と駐日アメリカ大使アーミン・マイヤー氏だった。同氏は四十年来のハム歴があり、駐日大使になる前はレバノンやイランやアフガニスタンに駐在して各地の大使館でアマチュア無線を楽しんでいたのに、日本では郵政省と外務省の間で電波法の調整がつかずにオンエアできなかったらしい。いかにも日本らしいお役所事情ではないか。結局これは日米安保条約にも関わる重大問題だということになり、大使個人の尽力で相互運用協定が結ばれたという。マイヤー大使によると、ハム仲間は世界各国にいて民間外交にも大きな意義をもっており、「人類の調和」という万博のテーマにもふさわしい、ということだった。インタビューの聞き手も、アマチュア無線家の日本の外交官である。

もっと驚いたのは、七〇年の一月号にバリー・ゴールドウォーターがコールサイン付きで登場していることである。現代アメリカ史の研究者で、彼の名を知らぬ者はない。ゴールドウォーターはアリゾナ州上院議員、一九六四年の大統領選挙でリンドン・ジョンソンと競り合った候補者で、公民権法に反対して南部白人層に共和党支持を広め、強硬派として現代にまで続く保守主義の象徴となった。その彼がアマチュア無線家として紹介されているのは、日本人の誰かが実際に彼と交信した結果だろう。紹介記事によると、フェニックス市の彼の無線局は、コリンズSラインなど贅《ぜい》を尽くした最高級のリグ(無線機)で構成されている。時あたかもベトナム戦争が泥沼化しており、自宅近くの山上に設置された彼の巨大なビームアンテナは、常にベトナムに向けられている、と書かれてあった。ここにも時代の影が射している。

幽霊無線家

今日のアマチュア無線界がどんな状況になっているのか、わたしにはまったくわからない。インターネットや携帯電話の普及で、世界との交信手段は比べものにならないほどふんだんにあるが、そういう既存インフラのネットワークに依存しない独自の通信網としての存在意義はあるかもしれない。一九七〇年当時、日本のハム人口は十万人に及んでおり、これはアメリカに次ぐ世界第二位の数だと書かれている。

半世紀後の今日、日本全国には免許保有者が三百万人以上いるらしい。その中には、わたしのような幽霊メンバーもたくさん含まれているのだろう。無線従事者の免許は終身で有効だが、「電話級」という階級はいつの間にかなくなっており、「第四級」という名称に変わっている。その第四級は全アマチュア無線技士の九割を占め、最上位の第一級は全数の一パーセントにも満たない狭き門だということである。所轄官庁も郵政省から総務省に変わり、電波監理局は総合通信局となっていた。一方、無線局の免許は五年で失効するようで、わたしの局はとうの昔に取り消されている。ただ、コールサインはそのまま残っている可能性がある。

総務省の検索サービスを使って調べてみると、わたしがもらったコールサインはまだ再割り当てされていないようだ。やがて退職して時間ができたら、昔の名前で再デビューしてみようか、とも思っている。

4　スタンド・バイ・ミー──村松喬『教育の森その後』

しらけ世代

高校に入学したのは一九七二年である。学生運動が沈静化した後の時代で、辞書によると、ちょうどそのころ学生生活に入った一群を「しらけ世代」と呼ぶらしい。都立の進学校で、正門付近にはまだあの特徴的な角張った字体で大書されたタテカンがいくつか並んでおり、ハンガーストライキを決行する血気盛んな上級生も残っていた。だが、それらを遠巻きに見るわれわれの雰囲気は、明らかに入学時からしらけていた。あれほど熱かった闘いが国会の強行採決と機動隊の導入で無残な敗北に終わり、無力感と虚脱感が学園を支配した時期である。高校は大学受験のための予備校と化し、試験の点数が個人を測るすべての判断の基準値となった。

そんな雰囲気の中で読んだのが、学校の図書室で見つけた『教育の森その後』である。著者の村松喬は毎日新聞の記者で、題に「その後」とあるのは、三年半にわたり日本の教育問題を追及した連載記事「教育の森」の終了後に出版された論集だからである。家庭の問題で出口のない暗闇を抱えていたわたしは、自分の私的な鬱屈《うっくつ》を日本の教育問題というとんでもなく大きな文脈に投影して心のバランスを維持することを覚えた。同書の記事を材料に、「教育問題を考える」という題で原稿用紙三三枚の長文レポートを書いたのもこの頃である。そこで槍玉に挙げたのは、生徒に思考停止を求める体制維持派の教師、「ウチの子は東大に入ったんザマスよ」という虚栄心ばかりの教育ママ、それに教育界の混乱に乗じて火事場泥棒のように金儲けをする大規模予備校、という三者である。

もう覚えている人は少ないと思うが、当時の話題の一つに「ボーフラ教師」というのがあった。これは、「金魚の餌は何か」という問いに対して、「パン屑」や「糸ミミズ」という答えもあるはずなのに、「ボーフラ」と書かねば正答と認めない、というテストを無反省に行なう教師のことである。一方、教育ママについては、試験の前夜に子どもの同級生たちを集めて勉強させ、自分の子以外のコーヒーに睡眠薬を入れてライバルを蹴落とさせた、という事件を引用している。ここには、さすがに担任の教師が赤字で「本当かな?」というコメントを書き添えてある。たしかに、どこまで事実かはわからないが、二つとも『教育の森その後』に記載されている事例である。

「**期待される人間像**」

同じく図書室で見つけた佐藤忠男著『学習権の論理』もよく読んだ。学習機会の不均等、教える者と教えられる者という封建的な身分観、教師は聖職だと唱えつつ勤務評定と学習指導要領に法的拘束力を付与する文部省行政、そして札束の成る研究ばかりを奨励する「産学協同」などへの批判が並んでいる。こうした教育界の議論は半世紀を経た現在もさほど変わっておらず、何だか逆向きの既視感を覚えるが、それが高校生だったわたしの心に強く訴えたのもよく理解できる。

中央教育審議会が「期待される人間像」を発表したのは昭和四一(一九六六)年だから、すでにこの時点でやや旧聞に属しているはずだが、「正しい愛国心」や「天皇への敬愛」をもつべきだというくだりには、当時も多くの批判が寄せられていた。そもそも、ストを起こさない教師や羊のように従順な学生を「期待する」のは誰なのか。国民の能力を測ってこれを最大限に収奪しようとするシステムは、まるでサトウキビの汁を最後の一滴まで効率的に搾り取ろうとする機械のようだ、と村松は書いている。

「期待される人間像」は、「後期中等教育の拡充整備について」という文部大臣宛の答申に付随して提出されたものである。つまり高校教育をどうするか、ということだが、その実質内容は、高校を再編成して実業教育を充実させ、普通科を大学進学者向けのエリートコースとして際立たせる、という政策提言である。簡単に言うと、高校の授業についていける生徒は三割しかいない、という現状から、ではその教育水準を少し下げて全体の底上げを図ろう、という方向ではなく、七割の生徒は知的能力が低いのだから、代わりに「手に職をつけさせてやる」コースに振り分けよう、という方向だった。「期待する」側の政府は、昔も今も、知的水準のピークを高くして先進国の面目を立てようとする。だが、それこそ教育後進国の発想ではないか。このような教育は社会的格差を生み出し、しかもその格差の原因は自分の能力の低さにあると思い込ませることになる。そうではなく、むしろ教育水準の全体的な向上を目指し、「知的プラトー」を創出することを目標とするべきだ——『教育の森その後』

は、こうして反逆を企てる青二才の理論指南書となった。

担任教師の警告状

小石川高校では、クラスは三年間もちあがりで、担任も換わらない。だから生徒同士や担任とのつながりはとても深くなる。わたしのクラスの担任は新《あたらし》先生というお名前で、英語の先生だった。非常に怖いが愛情も深く、わたしを含め男子も女子もクラス全員が心服していた。この先生に怒られれば、それは当然怒られるべくして怒られたのだ。事実わたしたちは授業中にも生活面でもよく雷を落とされたが、いつも見守られているようで、かえって嬉しかった。

その新先生から、二年生の時にわたしの父宛に以下のような達筆の書面が送られている。

秋の三大行事や修学旅行が終わり、ようやく落ち着いて教科学習をしなければならない時期になりながら、一部の生徒の中には未だじっくり落ち着いて机に向かうという気持ちになっていない者がいることは残念なことであります。このような状態を放置しておきますと、クラス全体がそのような方向に流れていかないとも限りませんので、クラス担任としてはこの現実を黙過することは出来ません。本人の言い分も十分お聞きくださいまして、今後如何に対処すべきか、保護者として十分お考えいただきたいと思います。

先生としては、かなり手を焼いたに違いない。名指しこそされていないし、他にも何人かいるかのように書かれているが、これはわたし一人を念頭に置いたもので、これほど深刻な警告を受け取った者は他にいなかったはずである。どんな悪さをしたのか。わたしのクラスメートなら、回覧日記をつけていたのですべて知っているが、とてもここに書けるようなことではない。年月が経ってから昔の同級生に会うと、あの頃のわたしからはとうてい想像できない職業経歴に驚かれる。逆に、今のわたしを知る人に高校生の頃の話をすると、「まさか。大げさに言っているだけでしょう」と信じてもらえない。

しかたがないので、以前にも書いたエピソードを少しだけここに再録しておきたい。こういう時、わたしが心中ひそかに引き合いに出しているのは、回心前の教父アウグスティヌスである。あるいは、奴隷貿易の悪業から回心して讃美歌「アメイジング・グレイス」を書いたジョン・ニュートンである。わたしにとって、かつての自分がどんなに荒《すさ》んで壊れていたかを知ることは、それを癒やして立ち直らせてくれた神の恵みがどんなに大きかったかを知ることに他ならない。

円環的な教養人

その話をするには、二〇二二年に亡くなったコラムニストの小田嶋隆に登場してもらわねばならない。小田嶋とは、小中高ずっと同級生だったが、特に親しくなったのは中学後半から高校にかけてである。彼が昔から成績優秀だったことは、すでに書いた。手先も器用で、ピアノもギターも見よう見まねですぐ弾けるようになってしまう。わたしは彼からビートルズ「レット・イット・ビー」の手ほどきを受けたが、とても真似できなかった。その後のコラムニストとしての幅広い活躍ぶりからわかるように、小田嶋は頭の中の引き出しが多くて実に何でもできる男だが、特に何かを一心不乱に追求してその道の達人になる、などということはしない。みっともないからである。

古代ギリシアでは、こういう人を円環的な教養人と呼ぶ。アリストテレスによると、人は笛を吹く楽しみを知っていなければならないが、あまり上手になりすぎてはいけない。熟達しようとすると、人間性の他の部分を犠牲にして努力してしまうからである。これは、長く大学の教員を見ているとよくわかる。優れた業績を上げるため、たしかに人間性の他の部分を犠牲にして研究に没頭してきたのだろう。真の教養人は、大学には稀である。

小田嶋によると、当時のわたしがしきりに彼と話したがったのは、「宇宙の果て」のことだったという。わたしが言うには、「宇宙の果て」というのがあれば、その先に何があるのか、もし何かがあれば、そこは「果て」ではないことになる、ということだった。そんなことを考えてばかりいたから、目先の受験勉強には興味がもてず、世間一般の尺度で測られることがない牧師という職業を選んだのだ、というのが後々の彼の見立てだった。

スタンド・バイ・ミー

そのうち二人は別々の大学に進み、連絡も途絶えて三十年ほどが経ってしまう。ときどきパソコン誌に彼の名がテクニカルライターとして出ているのを見かけたくらいで、それ以外の彼の経歴や仕事は何も知らなかった。ところが、ある日突然その小田嶋から連絡が来て、彼の担当するラジオ番組で対談するということになった。わたしが『反知性主義』(新潮選書、二〇一五年)を書く少し前のことである。対談そのものの内容は覚えていないが、収録が終わり、近くの喫茶店でくつろいでいた時のことである。彼はわたしが忘れていたこと、というより記憶の底に押し込めて忘れようとしていたことを、はっきりと思い出させてくれた。

高校生のある日、例によって授業を抜け出したわれわれ二人は、学校の裏手に地下鉄の新しい駅ができつつあるのを見つけた。現在の都営三田線千石《せんごく》駅である。小田嶋の回想によると、その時わたしは、中へ入ってみようと言い出し、勝手にガラガラとシャッターを上げて、暗い駅の中へ降りて行ってしまった。そんなことをして大丈夫かな、と思っているうちにホームに着くと、今度はさらに線路へ降りて歩くという。それはさすがにまずいのではないか、と彼は思ったそうだが、わたしがずんずん先へ行ってしまうので、結局二人して巣鴨へ向かって歩き始めた。すると案の定、向こうから試運転の電車が轟音《ごうおん》を響かせて走ってくる。逃げ場を失い、恐怖に駆られたわれわれは、ひたすら壁に張り付いてやり過ごそうとしたのだが、急停止した電車の車掌につかまり、二匹のねずみのように連れて行かれて、駅でこっぴどく叱られた、という話である。

今から思うと、あまりに無謀で危険な話である(よい子のみなさんは絶対に真似をしないでください)。ことによったら、二人とも死んでいたかもしれない。それでようやくわたしも思い出した。その出来事だけでなく、その時自分が何を考えてそんな愚かなことをしたのか、ということを。わたしはその時、「これで死んでしまってもいい」と思っていたのである。以前はよく新宿駅などでホームレスの姿を見かけたが、あのまま行ったらあそこに寝ていたのは自分だったかもしれない、とわたしはよく思ったものである。いや、そもそもそうなるまで生きていられるかどうかもわからない。それが当時のわたしの暗澹とした自己理解だった。小田嶋は、地下鉄の線路と同じくらい暗かったわたしの実存の闇を、命がけで一緒に歩いてくれたのだった。

『朝日ジャーナル』

だから大学受験などは、まったくわたしの頭になかった。これも『教育の森その後』に出てくることだが、一九七〇年には経済協力開発機構(OECD)の教育視察団が派遣され、日本の「十九世紀的」な教育制度を次のような言葉で批判している。「生徒の潜在的能力の発展よりもむしろ選抜を重視する……日本の大学の第一の特徴は、東京大学を頂点とするきびしい階層性と入学試験制度である」まさにその通りだ、とわたしは思った。

周囲のクラスメートはといえば、しらけつつもとりあえずしっかり勉強してよい大学に入る、というデカルト型の割り切りができる人たちだったが、わたしはキルケゴール型の激情的懐疑が専門である。自分で自分にかけた呪縛のせいで、どうしても絶望の淵まで行かざるを得なかった。そういうピラミッド型の大学制度に出願して入れてもらうなんて、とても恥ずかしくてできない。人間社会の真実を裏切り、現状を肯定して尻尾を振りながらそれに便乗するなんて、不誠実で不道徳、不潔きわまりない唾棄《だき》すべき行為ではないか。わたしは本気でそう思っていた。暗い怒りに衝き動かされたわたしには、見るもの聞くものすべてが欺瞞《ぎまん》に満ちているように思われた。

高校三年生の夏には、『朝日ジャーナル』という論壇誌で「高校生——瀕死の青春群像」という特集が組まれているのを見つけ、文字通り瀕死の自分の姿を書いて投稿した。掲載されたのは「みんななかよしおともだち」という題で、高校生間に広まる「明るいしらじらしさ」と「四無主義」つまり無気力・無関心・無責任・無感動のアパシーを皮肉たっぷりに表現した文章である。

懸賞論文の虚実

「オート・スカラシップ」という懸賞論文にも応募した。これは、産経新聞と日野自動車がタイアップして、全国の高校生から論文を募集し、優秀賞一〇人にアメリカ旅行をプレゼントする、というものである。当時は企業も太っ腹で、アメリカ西海岸とハワイを回る一〇日間の豪華な旅行へ連れて行ってもらった。全国から集まった三二六編の応募は、本人と高校の名前がすべて公表されている。なかには同じ高校から何人も応募しており、一部の学校にとってはかなり戦略的な位置づけのイベントだったらしいことがわかる。小石川高校からは、もちろんわたし以外には誰も応募していない。締切が年末の十二月三一日で、受験直前のそんな大切な時期に、何の必要もない懸賞論文を書いている暇があったのはわたしくらいだったからである。

その年の募集テーマは、「君は日本を知っているか」だった。産経新聞の論説主幹は、こんなふうに総評を書いている。

「戦後教育の偏向が指摘されており、親の躾《しつけ》のだらしなさ、人権の尊重や社会主義が声高に論ぜられているが、国を考えるという視点がまったく欠落している世間の風潮が若者に反映しないはずはない。だが不安は杞憂だった。表現は未熟だが、反体制や破壊の論理ではなく、古い日本の良さ、新しい日本への真摯な模索があり、特に入選作数編は若い魂を燃焼させた優れた作品だった」

豪華で楽しい旅行に連れて行っていただき、生涯の友と言える仲間に出会えたことには、今も心から感謝している。だから今さらこんなことを書くのは申し訳ないのだが、わたしにとって入選はたやすいことだった。朝日だろうと産経だろうと、新聞社にはそれぞれ書いてほしいことがある。だからそれをきちんと読み取って期待に応えればいいだけだ。世の中を斜めに見下していたわたしは、そんなふうに思っていたのである。産経向けには、祖国への愛情やボーイスカウトで接していた国旗掲揚のことを戦後教育の盲点として取り上げた。なるべく素朴な心情の吐露であるかのように書き連ねたが、実際には計算ずくめで、効果は狙い通りだった。「若い魂を燃焼させた優れた作品」と評してくださった論説主幹の方に、今となってはとても申し訳ない気持ちである。

ところが、後で知ったことだが、実はわたしより一枚も二枚も上手《うわて》のやつがいたのである。一〇人の中でいちばん親しくなった岡山県高梁《たかはし》市の高校生は、養豚業の現在と今後の夢を熱っぽく書いていたのだが、春うららロサンゼルスのディズニーランドへ出掛けたあたりで、「あれはぜんぶ嘘だよ」と告白されて仰天した。その後実際に彼の家を訪ねてみると、小さな畑はあるものの、豚舎などはどこにも見当たらない。養豚業なんて、かつて一度もやったことはないし、今後もやるつもりはない、というのである。彼にとってそれは、高校のディベート部で培った説得のテクニックに磨きをかけるための実地訓練にすぎなかった。

そこまで虚構を作り上げて平気で提出するなんて、小市民的な心情操作に良心のうずきを覚えていたわたしの比ではない。まったく度肝を抜かれた。産経新聞と日野自動車のみなさん、ここに彼の分とあわせて二人分のお詫びをいたします。大小いろんな嘘をついてしまい、ほんとに申し訳ありませんでした。

ひねくれ者の大学

こういう毎日だったので、わたしは受験勉強というものをいっさいしなかった。というより、すべきではないと思っていた。大学受験なんて、現状に尻尾を振る不潔な破廉恥漢のすることだ。そうではなく、ひたすら読みたい本を読んで考えることこそ、自分の知性を高め人格を磨く正しい道だ。そう信じていた。今から思うと、貴重でありがたいボナエ・リテラエの時間だった。

成績はよかったし、英語もよくできたので、担任の新《あたらし》先生はいろいろと気を揉んでわたしに提案をしてくれた。上智大学への推薦もしてくれたようだが、わたしはあっさり断った。これも自分で覚えていたのではなく、だいぶ後になってから「人づてに聞いたぞ」と、相談すらされなかった父が怒ってわたしに言ってきたことである。しびれを切らした新先生は、ある日男子トイレの入り口になっている階段の踊り場で、わたしを摑まえて言った。「おいあんり、お前みたいな(ひねくれた)やつにぴったりの大学があるぞ」――それが国際基督教大学(ＩＣＵ)だった。

5 宗教は阿片だ——マルクス『ヘーゲル批判』

入学試験はメッセージ

新《あたらし》先生がわたしに教えてくれたところでは、何でもその大学はとても風変わりな入学試験をするらしい。科目は地理・歴史・公民、あるいは物理・化学・生物などと分かれているのではなく、「人文科学」「社会科学」「自然科学」という三つの大枠になっている。その大枠の中を横断的に扱う長い資料論文を読ませ、それが回収された後に問題文が配られて解答する。だからその場での読解力や分析力が試されることになる。英語も同様で、これにリスニングの試験が加わる。さらに一般能力考査と呼ばれるものがあって、これは学科試験的な内容だけでなく、図形や空間認識を問う知能検査のような問いがあり、社会常識やはては大衆漫画の主人公までが登場する、クイズのような一〇〇問である。

この入学試験の目的は、受験時までにどれだけたくさんの記憶を詰め込んだかではなく、入学後の学びに必要となる理解力や想像力や適応力がどれだけあるか、つまり学生の本来的な学びの可能性を調べることに向けられている。

そう聞かされて、わたしは心が躍った。そういう試験なら、受けてやる価値はありそうだ。試験は二日がかりである。それは文系や理系で受験科目を割り振ることがなく、すべての受験生がすべての科目を受ける仕組みだったからである。

入試は、大学が社会に向けて出すメッセージである。「うちの大学はこんな学生に来てもらいたい」というラブコールである。そういう入試を課す大学なら、きっとその後の学びも特色があって学ぶ意義もあることだろう。そう考えたわたしは、その大学だけを受験し、幸い合格することができた。

小石川教養主義

だから、自分が入学する大学の名前に「基督教《キリスト》」という一言が入っていることなど、ほとんど気にもとめていなかった。当時のわたしには、宗教はまさに愚か者の選択としか思えなかった。高校時代に別のクラスの女子生徒に誘われて福音派の教会の礼拝に行ったことがあるのだが、それは「科学が進んだこの時代に、どうして荒唐無稽な奇跡物語など信じる人がいるのだろうか」というシニカルな人間観察の気分で行っただけである。

ちょうどその頃、ちょっと怪しげな読書会が始まることになった。中心にいたのは、小田嶋隆と同じクラスの岡康道である。これもわたしは知らなかったことだが、岡はその後広告業界に入り、伝説化した多くのCM制作を手がけてメディア界の有名人となる。当時もその後も、岡のことは間接的に知っていただけだが、お互いが還暦を迎えた頃「今度三人で一緒に何かやろう」と企画を話しているうちに岡が亡くなってしまい、それを小田嶋はとても残念がっていた。高校の同窓会誌に岡の追悼文を書いたのは、小田嶋とわたしである。ところが、その小田嶋も二年後に亡くなってしまう。彼との最後の会話は、「あっちに行ったら岡によろしく」「うんわかった」だった。

岡は、当時からやたらに大人びていて、どこか陰のある魅力的な人物だった。少し高めの嗄《か》れた彼の声を今でもよく覚えている。その彼が、自分の家とは別のところにアパートの一室を借りていて、そこでマルクスの『ヘーゲル批判』を読むのだという。どうしてそういう話になったのか、なぜ自分がそこに加わったのかは覚えていない。そもそも高校生が自分でアパートを借りる、なんてことができるのかどうかもわからないが、それだけでも妙に大人びた世界をのぞき見る思いがしたものである。当然のことながら、溜まり場となったその部屋には紫煙が立ちこめていた。

この読書経験のことを後年ある本に「想い出の三冊」という題で書いたので、ここにそのまま引用しておく。

「宗教は民衆のアヘンである」と固く信じていたわたしは、生意気な高校生仲間とともに煙草くさい部屋に集まってこの新潮社版マルエン選集第一巻を読んだ。なぜ今どき宗教を信ずるなどという愚かな人間がいるのだろう、というのがわたしの疑問だったが、今その本を取り出して真っ黒に引かれた線や書き込みを読み返してみると、当時の自分が何も内容を理解していなかったことがわかる。それでも昔は、背伸びをしながら一生懸命にこういう本を読む、というのが正しい青春のあり方だった。

（『人間に固有なものとは何か』創文社）

その未熟な背伸びのありさまが、戦前の五中時代から「小石川教養主義」と呼び慣らわされてきた伝統的なプラクシスの一部である。読書だけがその中身ではないけれど、それでも読書は高校生が自分の想像を超えた思想の世界に目を開かれる、とても大切な導通路である。わたしは幸いな出会いを与えられた。

椎名麟三の芝居論

マルクスの思想を理解したというには程遠いが、それでも何か得るものはあったらしい。当時のわたしが書いた文章に、「自分の状態についての幻想をすてろと要求することは、幻想を必要とするような状態をすてろと要求することである」という『法哲学批判』冒頭の一文が引用されている。これは、生徒会自治会が編集した『開拓』という雑誌である。例によって、わたしは自分の文章がこんなふうに刊行されていたことも覚えていなかったが、覚えていなかった理由もおおよそ推測できる。刊行は「昭和五〇年三月一五日」、つまりぎりぎり何とか卒業式に間に合わせた日付である。ちょうどアメリカ懸賞旅行に行っていたわたしは、卒業式や関連行事にいっさい参加しなかったのである。この雑誌は、たぶん卒業証書などと一緒に後日郵送してもらったのだろう。

今読み返してみると、『開拓』(六一号)には随想や小説や詩、表現芸術論や映画評など、まことに多彩な文章が寄せられている。なかには「刑法改正に対する理論的導入」などという本格的な論文もあった。「テレビ出演奮闘記」という軽妙な記事を書いたのは、編集責任者の中嶋隆である。彼は同級生だが、一年遅れで同じく国際基督教大学に入学してきた。小石川高校から国際基督教大学に入学したのは、わたしの前に一人いただけなので、彼もわたしもずいぶんな変わり者ということになる。その後中嶋は日本銀行に入り、システム開発や監査業務に携わった。退職後はその経験を生かして母校の財務担当理事にもなっている。

わたしが書いたのは、「人間芝居論」という長たらしいエッセイである。自意識過剰な高校生の文章で、手当たり次第に読んだ本から勝手な連想を書き連ねただけの、いかにもひねこびた文章である。「人間芝居論」というのはつまり、人生みんな芝居に過ぎない、という主張だ。当時演劇をやっていたので、そういう思いつきに至ったのだろう。書き出しには、椎名麟三の十字架理解が使われている。キリストは、自分が十字架にかけられて死に、三日後によみがえるということをあらかじめ知っていた。それなのに、実際にゴルゴタの丘で十字架にかけられると、「わが神わが神なんぞ我を見捨てたまいし」と叫んでみせた。ということは、自分の予言を信じていなかったのか、さもなくば信じていたけれど、あの時は一世一代の大芝居を打ったのか、どちらかだ、という説である。

キリストですら「神芝居」だったのなら、ましてわれわれ人間の人生などみな芝居事にすぎない。神は全知全能なので、人間の運命を暦の日付のごとく知悉《ちしつ》しており、退屈しのぎにその運命通りに生きるわれわれの猿芝居を見続けている。敬虔《けいけん》なクリスチャンなら「すべては神のご意志である」と言うだろうが、もしそうだったら、われわれ人間の意志というものはなく、自分で決めたと思い込んでいることでも、すべて背後から伸びてきた神の手の仕業だ、ということになる。だから人生はすべて芝居なのだ、というわけである。なかなか気の利いたことを書く小僧である。他に引用されているのは、亀井勝一郎『我が精神の遍歴』からの偽善論、サルトルの『聖ジュネ』論とシシュポス神話、フロイトと大江健三郎とE・H・カーで、いずれも歴史が登場人物の自意識を伴ったドラマにすぎない、という文脈へ適当に嵌め込まれている。

危険な蛇

高校生のわたしには、どうやら別の情報源もあったらしく、むしろ執筆の動機はこちらにあったように思われる。書かれてあるところによると、ある日駅前に人だかりができているので、何だろうと思って寄ってみると、キリスト教の熱心な説法師だった。そこでわたしが聞き取って書き留めたのは、「一性性相の中和的存在にして男性格主体」という、やけに簡潔明瞭な「神」の定義である。今の知識で客観的に見ると、これはかなり危険な状況だった。言葉遣いからして、それは旧統一教会の伝道だったことがわかるからである。

だが、この高校生はそんな手強い危険のこともつゆ知らず、まるで恐ろしい蛇に向かうマングースのような挑発を繰り返す。

「神とは何か」

「天地万物とわれわれの創造者だ」
「では、創造前の神はどこで何をしていたのか」
「神をそのような時間の枠組みで捉えることが間違っている」
「では、なぜ神はわれわれを造ったのか」
「創造は神の愛の表現である」
「ということはつまり、神は自分の愛のために世界を創造したのか」

当時まったく非共感的に記録したこの問答をふりかえってみて驚くことは、神学を専門に学んだ後の今でも、見方によってはそれが標準的な創造論の筋道を踏襲している、と思えることである。もちろん、言葉に込められている意味は大きく違うだろう。しかし、今のわたしが高校生に同じ問いを差し向けられたとして、自分の答えの要約がこの説法の言い回しと大きく違って聞こえるかどうか、あまり自信はない。今のわたしでは、当時のわたしを説得できなかったかもしれない。

昨今の世の中では、危険なカルトとそうでない真っ当な宗教とを選り分ける目をもつべきことが論じられている。その通りだし、常識的な判断能力があればその区別は十分に可能なのだが、さてそれを学問的に論じようとすると、けっして容易とは言えないことがわかる。

こういう議論になると、しばしばフランスで一九九五年に出された報告書が参照される。しかし、カルトの識別基準としてそこに掲げられた一〇項目は、たとえばカトリック教会の歴史的なふるまいにも当てはまるところが多い。カルト宗教の識別法は、あらかじめその危険を察知できている場合には有効であっても、一般的な宗教との演繹《えんえき》的な線引きの助けにはならない。フランスでも、識別基準の解釈や適用にかかわる曖昧さは、当時から繰り返し批判されてきた。

日本でオウム真理教に対して破壊活動防止法が適用された際には、大方の世論はそれを当然と受け止めたものの、専門の研究者や人権擁護団体などは憂慮と懸念を示している。「過去に大量殺人事件を起こしたことがあり、その当時と教義や教祖が現在も変わっていない」などという大ざっぱな括り方では、キリスト教や仏教を含むほとんどすべての既成宗教が該当してしまうからである。

反逆としての宗教

もともと宗教には、どこか反社会的なところがある。ある宗教が特定の文化や社会に土着化して大衆化に成功する過程では、そういう先鋭な角が取れて少しずつ丸くなってゆくものだが、本来は人間社会の常識や既存の社会体制をラディカルに否定する要素をどこかにもっているはずである。釈迦もイエスもムハンマドも、当時の権威に対する激越な批判と転覆を説くことで活動を始めている。現世とは別の価値や秩序を指し示すのが宗教なのだから、牙を抜かれた「安全な宗教」なんて、そもそも存在価値もないし、魅力もないに決まっている。

とまあ、今のわたしにも当時の毒気がいくぶんか残っているような気がする。わたしにとって、キリスト教の信仰をもつということは、社会への反逆であり、世間への挑戦であった。仮にもし、周りがキリスト教徒ばかりの社会に生まれ落ちていたなら、わたしは間違いなく筋金入りの仏教徒か無神論者かになっていただろう。

大学も同じである。国際基督教大学は、もしアメリカかどこかにあったなら、キリスト教の大学であることに何の意味もなかっただろう。「基督教」などという言葉を臆面もなく冠した大学である。批判的な知の拠点であるべき大学に、そんな宗教色はふさわしくない——そう思われるのが当然の日本社会にあってこそ、この大学の挑戦があり、存在意義がある。

使徒パウロは、新約聖書「ローマ人への手紙」の冒頭で「わたしは福音を恥としない」と書いている(1章16節)。ということは、さすがのパウロも最初はちょっと恥ずかしかったのに相違ない。何せ知的にも宗教的にも、当代最高の権威を身にまとっていたパウロである。そうであるからこそ、そしてキリスト教徒とみれば誰彼かまわず引っ捕らえて牢屋にぶち込んでいた反キリスト教の闘士パウロだったからこそ、その言葉には千金の価値があるのだ。わたしの言葉で言えば、イエスもパウロも、徹底した反知性主義者である。

おままごとの世界転覆

危なかったのはそれだけではない。統一教会はたまたま説法を聞いただけだが、エホバの証人の集会には自分から出掛けていった。大田区久《く》が原《はら》の自宅近くに、「王国会館」と書かれた彼らの集会所があったのを見つけて行ったのである。同じ「キリスト教」という名がついていても、それぞれ毛色も中身も違う無関係の宗派だという認識は、その頃のわたしにはまったくなかった。

ただ、こちらは何度か行ったただけですぐに興味を失ってしまう。「礼拝」といっても、やっていたのは学校みたいなことだったからである。前に立ったリーダーが小さなパンフレットを読んでその中身を質問すると、まるで小学校の生徒よろしく、真面目な信徒たちがこぞって「はい」「はい」と手を上げる。答え終わると「はい、○○兄弟、その通りです」なんて、はじめからそこに書かれてあることをオウム返しに答えるだけなのだから、みんな正解に決まっているじゃないか。こんな「よい子のおままごと」で世界転覆はできない、とわたしは早々に見切りをつけた。

念のために断っておくが、これは当時のわたしのごく浅薄な見方である。「エホバの証人」といえば、例の親切で温厚だが頑固でお節介な訪問者のことを思い浮かべる読者が多いだろう。それも事実だし、他にも現代日本ではいわゆる宗教二世が直面する困難など、深刻な問題を抱えているが、彼らが二十世紀のアメリカで経験した差別や迫害と、その中で示した不屈の勇気を知れば、誰もが尊敬の念を覚えるはずである。その後わたしが何度か書いたように、彼らは戦後日本における信教の自由の憲法的な擁護にもいくぶんか貢献を果たしている。彼らの存在がなければ、今日われわれが享受している国民の権利一般は、一回りか二回り小さなものになっていただろう。宗教の信仰は、人種差別の撤廃を訴えたキング牧師の「夢」のように、当面の道徳を揺るがし常識を破るからこそ、この世に大きな善をなすことができるのである。

マルクスに学ぶ宗教

マルクスの読書会はしばらく続いた。『ヘーゲル法哲学批判』の次に読んだのは、鉛筆の書き込みを見る限り、「ユダヤ人問題によせて」「経済学に関する手稿」「聖家族」、それに「「プロイセン王と社会改革」批判」である。新潮社版のマルエン選集では、長い文章は抄訳のみで、その中のさらに一部分だけをていねいに読んだ形跡がある。分担して発題を担当したのかもしれない。当時のわたしたちは概説書を読むなどという小利口な近道をしなかったから、書かれた文書の背景や文脈を何も知らずに直接テクストを読んだ。しかも一部を拾い読みしただけなので、理解できることはいっそう少なかった。

それでも、国家や社会に内在する制度的な悪、それを救貧や慈善という宗教的な対応策で繕おうとすることの欺瞞《ぎまん》、そして何よりも、富と権力を独占するブルジョアジーに対する怒りなどは、わたしの暗い心に強く刺さるものがあった。「子供じみたとんまな考え」とか「ひどい酔っ払いの宗教心」「空虚なうぬぼれにひたったできあいの用語法」などというマルクスの悪口雑言も、胸のすく思いで自分の語彙リストに加えていった。

今読み返してみると、「ユダヤ人問題によせて」のマルクスは、政治参加の権利としての「公民権」とは区別された「人権」を考えていることがわかる。ペンシルヴェニアやニューハンプシャーなどアメリカ諸州の憲法を参照しつつ、「人権」の主要素に良心や宗教の自由が含まれていることにも留意している。これは、無神論的なヘーゲル左派の宗教批判とはずいぶん違う立場だし、後にイェリネックのような法制史家が取り上げる人権理解とも接続している。宗教と人権との内在的な連関を理解することに疎い日本では、今日でも強調されてよい点だが、それをマルクスに教えてもらうというのもなかなか乙ではないか。

ついでに、当時の寄稿誌『開拓』を読んでいたら、あるコラムの一文を読んで思わず笑い出してしまった。「酔っ払って都電を止めたりしないようにしましょう」——もうとっくに時効だろうから、実名を記しておく。これは地学の土屋先生のことである。全校に知れ渡っていた武勇伝なので、こうして学内誌に書いてあると、半世紀を過ぎた今でもちゃんと思い出すことができる。はたして噂がほんとかどうか、誰も確かめたことがなかったけれど、ご本人は毎日素知らぬ顔で授業をしていた。真面目なのに愛嬌があって、みんなの大好きな先生だった。

6　内面の共同建築師——森有正『ドストエーフスキー覚書』

カルト脱会の手引き書

わたしが最初に出版した図書は、『福音主義神学概説』という分厚いドイツ語の翻訳書である。旧東独時代のフンボルト大学神学部での講義録、つまり「共産主義とキリスト教をどのように接合させるか」という難しい課題を引き受けた書物で、大胆かつ精妙、とても優れた内容に仕上がっている。当時わたしは、神学校を卒業して四国松山の教会に副牧師として赴任したばかりだった。地元の大学教授が何人もいる教会で、若い牧師を育てたいという暖かな応援を一身に感じながら、わたしは神学の深みに分け入る幸せな時間を与えられた。

はじめて自分の名前のついた本が出版されれば、誰しも嬉しいだろう。頬ずりして一緒に寝たくなるかもしれない。だが、この本が出版されたのは、松山の教会を辞してプリンストンへ留学に発った後のことだった。共訳者からは連絡をもらっていたが、五百頁もある重い本なので、出版社はのんびりと船便で一冊だけ送ってきた。定価は何と七五〇〇円。もちろん誰も買わない。ただでさえ難解な本だし、もともと神学のマーケットは日本では極小である。おざなりな業界紙の書評が一本出ただけで、それきりわたしも忘れていた。

ところが、である。留学を終えて帰国し、出版から六年ほど経った一九九三年のある日、突然この本が話題でもちきりになり、全国で売り切れになってしまった。何が起きたのか。山崎浩子という新体操の有名選手が統一教会の合同結婚式に参加した後、脱会して縁を切るために失踪する、という事件があった。週刊誌には、ジャージ姿で炬燵《こたつ》に座り、脱会に至った経緯を訥々《とつとつ》と語る彼女の姿が掲載されたが、その目の前に置かれていたのが、何とこの本だったのである。記事によると、この本は『ホーキングの最新宇宙論』などとともに「改宗説得のプロ」が使うマニュアル本なのだという。

なぜあの本なのか、あの難しい神学専門書のどこにそんな力があったのか、今でもよくわからない。山崎浩子さんご本人が書いた脱会手記『愛が偽りに終わるとき』(文藝春秋)も読んでみた。彼女の「脳天を打った衝撃の一文」というのは、最初の一頁に書かれてあることだったらしい。ともかく、出版元の日本基督教団出版局は、積み上がっていた在庫が捌《さば》けて大喜びだったし、わたしは突然まとまった額の印税が送られてきて、ほくほくだった。

山崎浩子さんは、幸いその後もきっぱり縁が切れているようだが、その夫になりかけた勅使河原秀行《てしがわらひでゆき》さんは今も「世界平和統一家庭連合」(旧統一教会)の要職にあり、先日三十年ぶりにマスコミに登場していた。きっと彼は読まないだろうし、読んでも同じ結果にはならないだろう。まあ、せめて一人分でも役に立ったのなら嬉しいことである。あの事件でわたしの本は完売したものの、さすがに重版するのは無謀だということで、オンデマンド再版になっている。旧統一教会と政党政治の関わりが大きく問題になった昨今のことなので、読み直す価値はあるかもしれない。

贋物を見分けるには、本物に触れるのがいちばんである。ちなみに、統一教会は以前からあちこちの大学のキャンパスでステルス活動を続けており、キリスト教系の諸大学を含む主要各大学に拠点を築いているが、国際基督教大学にはかつて一度も入ったことがない。

ガルーダが飛ぶ

統一教会やカルトの話が出たので、わたしのボナエ・リテラエもつい先走りしてしまった。だが、他人の話をする前に、まず「おまえは何でクリスチャンになったんだ」と訊かれるのは目に見えているので、今回はその話を書いておきたい。

といって、そんなに大それた回心物語があるわけでもない。アメリカで「日本から神学を学びに来た」と自己紹介をすると、やはり同じように「なぜクリスチャンになったのか」と尋ねられて閉口したものである。誰もが内村鑑三みたいに立派な「余は如何にして基督信徒となりし乎」を語れるわけではない。わたしの場合、突き詰めると「ガールフレンドが教会に行っていたから」になってしまう。もうちょっと高尚な話を期待する方々には申し訳ないのだが、率直に言うとそういうことである。大学に入り、同じセクションで仲良くなった女性がいた。デートに誘うと、日曜日は教会に行くから、というので、わたしもしかたなくついて行ったのである。

そのうち、妙なことに気がつき始めた。あれほど愚かで時代遅れだと思っていたキリスト教について、友人や先生たちが平気で真顔の議論をしている。まるで今日の昼飯はうどんにするかカレーにするかを談じているかのように、事もなげである。しかも、授業を通してわたしが圧倒された尊敬すべき教授までもが、人間の思想の優れた営みとして宗教や信仰の話をするではないか。これは何かおかしい、と思った。

ちょうどそれと同じような体験をした人の本を訳したことがあるので、紹介しておこう。宗教社会学者のピーター・バーガーである(『現代人はキリスト教を信じられるか』教文館)。あるときネパールを訪れた彼は、人びとが集まって空を見上げているところに遭遇する。いったい何だろうと知りたくなり、地元のガイドに事情を聞いてもらった。すると、その集団から戻ってきたガイドは、不思議そうな顔でバーガーにこう告げたそうである。「今朝、お寺で働いている娘さんが、ガルーダが飛んでいるのを見た、と言っているらしい」ガルーダというのは、ヒンドゥー叙事詩に出てくる神話的な鳥のことである。そして彼は、集団の人びとと同じように首をひねって付け加えた。「そんなはずはないのだが」

このガイドが疑っていたのは、ガルーダの存在やそれが空を飛ぶことではない。少女がその特定の時間にその特定の場所でガルーダを見た、ということである。その口ぶりは、「今さっき見た列車は、一〇時半のシカゴ行きじゃなくて、一〇時二五分のミルウォーキー行きだったと思う」と話すのと同じ調子だった、とバーガーは書いている。ガルーダが存在し、それが空を飛ぶことがある、ということについては、誰も疑っていない。だから人びとは、超自然的な現象を見たときのようにヒソヒソとではなく、列車のダイヤが乱れて困っている乗客のように、日常会話としてガヤガヤと話していたのである。

わたしが抱いたのも、そんな当惑だった。それでわたしも、バーガーと同じように考え始める。もしかすると、周りではなく、自分のほうがおかしいのではないか。それまで当然だと思っていたこと、現代人なら誰もがそう考えるはずだと思っていた自分の常識は、実はどこかで折れ曲がっていて、とんでもない偏見に染まっているのではないか。そもそも客観的で普遍的で万人が真と認めるような知識で、わたしが見ているこの世界をどこまで見通すことができるのだろう。そんなものよりも、キルケゴールの言う「主体的真理」のほうがよっぽど大切なのではあるまいか。

思索の深みを知る

総じてわたしは世俗的で非宗教的な人間である。超自然的な体験をしたことはないし、幽霊もガルーダも見たことがない。英語に credulous という言葉があるが、何でも信じやすい性質《たち》のことで、わたしはむしろ疑り深い。ヨハネ福音書に、復活のイエスを疑ったトマスという弟子の話が出てくる(20章)。自分はまさにそのクチだろうと思う。だからその後も、自分が洗礼を受けてキリスト者になるなどということはあり得ない、という強い確信があった。キリスト教の愚かしい実態は高校時代にすでに十分見知っていたつもりだったので、憧れなどもまったくなかった。それでむしろ安心してキリスト教に触れることができたのかもしれない。

国際基督教大学には、キャンパスの真ん中に教会がある。平日は大学の諸行事が催されるチャペル

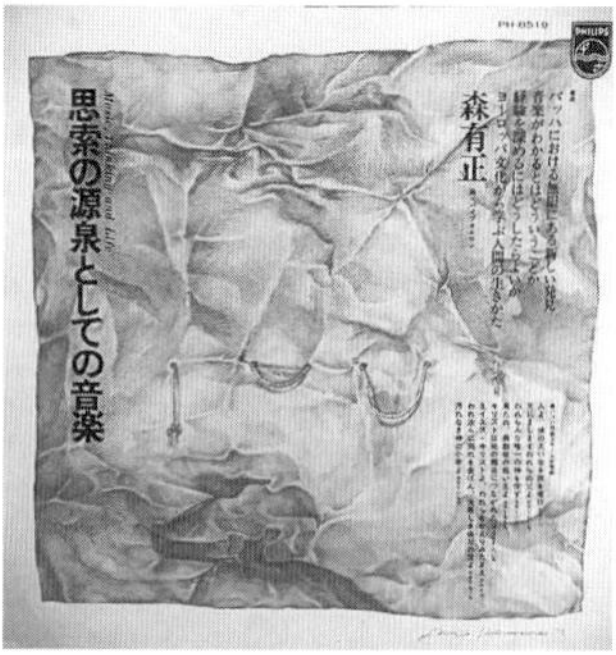

森有正のレコード(日本フォノグラム，1977年)

だが、日曜日には大学関係者や卒業生たちだけでなく、近隣の市民が礼拝に集まる普通一般の教会になる。そこでわたしは、教会学校の見習い教師をするようになった。自分の中では、クラブ活動の一つのような位置づけだったと思う。お泊まりキャンプなどもあったので、子どものときからやっていたボーイスカウト活動の大学生版みたいなところもあった。分級では小学校高学年の担当で、生意気盛りの子どもたちに聖書の話をしなければならない。ベテランの先生や牧師たちは、かなり危なっかしいと思っていただろう。だが、

人は教えることで学ぶ(Docendo discimus)。

その交わりの中で出会ったのが、森有正《もりありまさ》の本である。戦後すぐに東京大学で哲学を教えていた森有正は、フランスへ渡ってそのままパリに居付いてしまう。二十年ほどしてようやく日本と和解する気になったらしく、再着陸の地ならしにと、少し前から国際基督教大学で教えるようになっていた。だから彼の名前は、ときどき先生や友人たちの話題に上っていた。わたしは『バビロンの流れのほとりにて』を手始めに、次から次へと昼も夜も彼の本を読みふけるようになった。

オルガン演奏と講話を折り重ねる彼のレコードが出たのはもう少し後だが、それも夜通しかけながら読書と思索の時間を紡ぎ続けた。彼が弾いていたオルガンは、いつも日曜日に聞いている大学教会のリーガーオルガンである。特にバッハの「人よ、汝《なんじ》の大いなる罪を嘆け」というコラールが好きだ

った。ゆっくりとしたリズムで弾かれていて、思索に理想的な雰囲気を醸し出してくれる。

ところが、それに触発されてヘルムート・ヴァルヒャのバッハ全集を買い込み、同じ曲を聴いた途端にたまげてしまった。ものすごく速いテンポで弾かれていたからである。森有正は小さいときから鍵盤を習ってはいたが、プロの演奏家ではないし、そもそも彼は違う目的のためにオルガンを弾いているのだから、自分のペースで自分自身のために弾けばいいのだけれど、それにしてもあまりの違いに驚いてしまった。わたしが聴いていたのは、森有正のバッハだったようである。

内面の共同建築師

本人を見かけたこともある。あれは大学二年の夏の終わりだった。大学食堂のテーブルを囲んで、小さな群れができていた。中心にむっくりとした初老の人がいたが、それが森有正だと聞かされても、わたしにはあまり興味が湧かなかった。森有正というのは、自分が読み続けている本を書いた人の名前であって、その著者を個人的に知りたいとは思わなかった。秋学期には授業を出すとのことだったが、本人はその直前にパリへ帰って客死したので、結局出会わずじまいになった。

深い森の中で湖の底に潜ったような気持ち。薄明の中で息をしようともがくが、手足がスローモーションのようにしか動かない。水を通してくぐもった声が聞こえてくる。何を言っているのかよくわからないのだが、それをきちんと聞き分けないと、やがて自分は暗黒の底に沈んでしまうのではないか。だから必死にそれを理解しようともがき続ける——森有正を読むということは、わたしにとってそんな行為だった。

なぜそうなのかはわからない。ちょうど二十歳くらいで、思索の深みを知り始めた頃だった。森有正の言う「経験」の意味が自分にも腑に落ちるようになっていた。それは、ある日自分が歩いてきた道の起点はここだったのか、と気がつくようなものである。何も知らずに歩き始めた道だったが、思い返してみるとあれが自分の出発点だった。そう納得すると、それまで漠然と漂い続けていた何かが次第にその一点に集約されて位置を占めるようになる。その後も繰り返しその一点へ回帰しては自分を新たに定義し直し、そこから再出発することになる、そういう原体験のことである。わたしの場合、それが自分の信仰や召命に得心する核となった。

森有正のことは、本人と親交のあった人がいろいろと書いている。エピソードの多い人で、それもちょっとエキセントリックなものが多かった。大学では特に、食べ物に対する彼の執着ぶりが愉快な記憶としていくつか語り継がれていた。自分で手土産に買ってきたおいしいケーキが出てこないので怒り出した、といった類いの話だが、それらにもあまり関心がなかった。森有正を読むということは、結局そこに書かれてあることを自分自身の内面に構築し直すことである。他人の構築した森有正世界は、畢竟《ひっきょう》わたしには響いてこない。好きな小説の映画化を見に行くと、必ずどこか自分がイメージしていたのと違っていて幻滅を感じるものだが、あれと同じ理屈である。オルガンも同じだ。ヴァルヒャの演奏は全世界で認められた最高の演奏だろうけれど、わたしは森有正のバッハを聴いていたので、それも何となくしっくりこなかった。

今、あの静謐《せいひつ》な思索の時空間にもう一度浸ってみたいと思う。森有正の著作集は、定年で大学の研究室を引き揚げる際にあらかた処分してしまっていた。全集になってから揃えたものもあるが、多くは筑摩書房刊の単行本だった。もし線を引きつつ読んだ当時の本が手元に残っていたら、自分があの硬質な日記文のどこに惹かれて何を考えていたのかを思い巡らすことができただろう。しかたがないので、今いる大学の図書館から同じ筑摩書房刊を何冊か借りてきて読んでみた。しかし、他人の手の中で古びてきたそれらの本は、何となくよそよそしく取り澄ましていて、かつてのようにわたしに語りかけてはこなかった。

森有正を読んでいるのは、わたしの世代までかもしれない。当時から、彼の思想は結局ヨーロッパ文化に圧倒された戦後日本人のありがちな反応にすぎない、と切り捨てる人もあった。今読み返してみると、そう括られてしまうことも理解できないではない。

わたし自身も変化したのだろう。森有正を読むということは、というより、そもそも本を読むということは、本と読者との共同作業である。読み手の状況が変化すれば、同じ本でも出来上がるものが違ってくるのは当然である。わたしはかつて森有正に出会い、自分の内部にわたしだけの世界を築くことができた。今の学生たちにも、森有正でなくていい、どこかで誰か、そういう内面の共同建築師との出会いがあることを願っている。

大人になる

それでも、今なお明確に覚えていて、処分もせずにとってある大切な本がある。それが彼の『ドストエーフスキー覚書』である。前節で触れた小文「想い出の三冊」の二冊目が、この本だ。そして、実は山﨑浩子さんと同様に、わたしが衝撃を受けたのはその最初の頁の書き出しだった。

キリスト教の中心問題は人間の「罪」、もしくは罪性を明らかにし、かつその罪からの救いを教えようとするにある。このことは人間を倫理的責任のある主体として規定することを意味する。と同時に、それからの救いは、人間をその責任を負うことのできない主体として規定する。この二つの矛盾することがらが一つに結合しているところにキリスト教の独自性がある。

「あなたは罪人だ」と言うことは、「あなたは自分の罪の責任を問われるべき主体だ」と言うことである。他の誰でもない、あなたがその責任を負うべき人だ。つまりあなたは自律した成人で、理性と意志、人格と能力があり、罪の帰結を引き受けて罰せられる資格をもった人間だ、ということである。それが倫理的な「主体」であることの意味内容だ。

ところが同時に、そのあなたに向かってキリスト教は言う。「そういう主体であるにもかかわらず、あなたは自分で自分の責任を負うことができない存在だ。なぜならあなたの罪は途方もなく大きくて、あなたがどんなに努力しても取り返せるようなものではないからだ。あなたは倫理的な破綻者だ」

だから救いが必要なのである。まさにこの二つが交わる十字架の一点に、わたしは今も捉えられたままである。

人間はルネサンスにおいて自律に目覚めた。自然本性の善を信じ、自力で世界を支配できる、と考えるようになった。それはデカルトにおいて理性の自律となり、カントにおいて意志の自律となり、ヘーゲルにおいては歴史の中で自己発展する思惟《しい》の自律となった。だが同時に、自律はニヒリズムを暴露する。人間は自分で自分を救うことができない。自分の作り出した悪に自分で始末をつけることができない。どんなことをしても元通りになんてできない、そういう取り返しのつかない喪失をもたらしてしまう。だから救いが必要なのだ。

もしそこで「罪って何ですか」と尋ねる人があれば、そういう人には説明してもわからない。自分で自分にその問いを向けることのない人に、罪を理解することはできないからだ。そして、罪を理解した人は、それを他人に語らない。それは、自分と神だけの垂直の空間に生じることで、それ以外の誰とも共有のできない単独者の事実である。

だからそれは、オトナだけの話になる。「ヨハネ福音書」に、姦淫の罪で捕らえられた女の話が出てくる。律法学者とパリサイ人は女を石打の刑に処すべきだと迫るが、イエスは何も答えない。あまりに人びとがやいのやいのと問い続けるので、イエスは立ち上がって一言だけ答える。「あなたがたの中で罪のない者が、まずこの女に石を投げつけるがよい」すると人びとは、「年寄から始めて」一人また一人と出て行き、ついには誰もいなくなった（8章7、9節）。わたしの大好きな一節である。誰も、何も、言わない。だがわかっている。歳を重ねれば重ねるほど、その自覚は深まる。大人になるということは、罪を知るということである。いや、人は罪を知ることで大人になるのだ。

洗礼を受ける

そしてわたしも大人になった。二十歳のクリスマス聖日に大学教会で洗礼を受け、キリスト者となった。洗礼を受けて「クリスチャン」になるということは、自分がそういう名で呼ばれ、そういう目で見られるのを受け入れる覚悟を決める、ということである。これほど恥ずかしいことはない。それまでの自分を振り返るなら、これほど不釣り合いでふさわしくない呼び名はないだろう。今でも、穴があったら入りたい。でも、それを隠しておくことはできない。洗礼を受けるということは、そういう人生を送ると腹を決めることだ。

結局それで半世紀近く経つが、この時の決断を後悔したことは一度もない。ただ感謝するばかりである。過去の人生が暗かった分、それに縛られることも十分あり得ただろう。親の因果は子に報いる。だが、洗礼はその連鎖を断つ。キリストと共に死んで葬られ、キリストと共に新しい生命に生きることだから。あの当時のまま生きていたら、わたしは今どうなっていたかわからない。というより、とっくの昔に死んでいたに相違ない。わたしは文字通り「救われた」人間である。

II

パトニー討論
(クロムウェルと「バフ・コート」と呼ばれた平民兵士)

諸宗教の光

7 非存在の淵——波多野精一『時と永遠』

目に見える変化

洗礼を受けたからといって、いきなりクリスチャンらしい人生が送れるようになるわけでもない。人間の人格は、一晩で入れ替わるようにはできていない。思考も感性も習慣も継続しているのに、そうでないかのように振る舞うことはできない。せいぜい今ある自分の上に新しい衣をもう一枚纏《まと》うくらいだろうか。これも内村鑑三がどこかで書いていたことだが、たとえば神社の境内に入って感じる清浄で神々しい空気は、キリスト教徒になったからといって突然感じられなくなるわけではない。逆に、キリスト教徒でなくても、どこかの教会に足を踏み入れて神聖な思いに打たれることはあるだろう。それは感性の領域で発生することなので、頭が理解したつもりになっていることの指図は受けないのである。

ただそれでも、「変わろう」という意志や努力がなければ無責任になる。何でもいい。どこか一つだけでも、目に見えて変わるところが自分になければならない。わたしはそう思った。それで禁煙した。普通は二十歳で喫煙を始めるのだろうが、わたしは高校時代からかなり吸っていたので、洗礼を機に二十歳でやめることにした。わたしを教会へと導いてくれた当時のガールフレンドが喫煙を嫌っていたのも、理由の一つだった。やってみると、これがなかなか辛い。その後かれこれ十年ほどは「つい吸ってしまった」という夢を繰り返し見たくらいである。

誤解されるといけないので、急いで付け加えておかねばならない。ここで「やっぱりクリスチャンは禁酒禁煙か」などと括られては困る。そういう連想ができたのは、十九世紀から二十世紀にかけてのアメリカである。そして、その当時の宣教師が日本にプロテスタントのキリスト教を導入したので、日本でもそういう刷り込みがなされてしまったのだ。当時のわたしに、「はい左様ですか」とそれをすんなり受け入れるような謙虚さはなかった。ただ、自分自身の課題として、内面の決意を何か一つの見える形に結晶化させたいと思っただけである。

誤解されたイメージ

わたしの研究分野はピューリタニズムだが、この「ピューリタン」という言葉もまた、とんでもない誤解につきまとわれている。実は、謹厳実直の権化《ごんげ》のように思われている彼らにとって、酒や煙草は何ら禁止されるべきものではなかった。十七世紀のイギリスでは水を浄化せずに飲むことができなかったので、代わりにビールを飲んだ。それも、必要上やむを得ず飲んだのではなく、おいしく飲んで楽しみたかったからである。彼らはアルコール分を抑えたビールの造り方も知っていて、子どもたちにはそれを与えていたが、自分たちが飲むのはおいしいほうのビールだった。少し余裕のある家庭

17世紀イギリスの飲酒と喫煙

では、ワインも食卓に供された。だからアメリカに渡ったピューリタンにも、飲酒が不謹慎だなどという考えはまったくなかった。

一つだけ余談を披露しておくと、アメリカ創設の地を決定したのはビールだった、と言えるかもしれない。ピルグリムたちを乗せたメイフラワー号が最初に着いたのはコッド岬だったが、彼らはもう少し上陸にふさわしい地点を探っていた。ところが、もってきたビールが長旅で底をつきかけたので、やむなくそこへ上陸せざるを得なくなったのである。もう少しビールをたくさん積んでいたら、彼らが上陸したのは別の土地だったかもしれないし、その結果アメリカ史は今とは異なる経路を辿って発展したかもしれない。先陣のこの渇きが伝わっていたので、十年後にアーベラ号の船団で多くのピューリタン移住者がやってきた時には、一万ガロンものビールが積み込まれていた。持ち込んだだけではない。入植者たちは新しい土地で手に入る材料をもとにビールやサイダーを醸造し、結婚式や葬式などの集まりがある度にふんだんにふるまった。牧師の就任式では、教会の入り口で自家製のビールが配られ、町中の人が飲んでお祝いをしたのである。禁忌などは存在しなかった。

ただし、酩酊《めいてい》や泥酔は取り締まりの対象である。ピューリタンにとって、この世の善はすべて神からの贈り物である。だからそれを正しく享受することは善なのだが、濫用は禁物である。善用と濫用のあいだの線引きはいつも微妙で、法律上の取り締まりにもあえて曖昧さが残されている。それでも、禁止される場合の主たる理由は健康上の理由で、教義や道徳によるものではない。

喫煙もはじめは医療目的で導入されたが、やがて嗜好品として拡がるにつれて禁止されるようになった。最近発掘調査がなされたハーヴァード・ヤードからは、無数のパイプ片が出土している。きっと初期のピューリタン学生たちも、狭い部屋の中で紫煙を燻《くゆ》らせつつ討論を楽しんだに違いない。

こういうわけで、ピューリタンが禁欲的で非人間的だという見方は、歴史的にかなりの程度は誤解である。この誤解は特に十九世紀末から二十世紀初頭にかけて広まったのだが、その一般化には当時の時代精神が深く関わっている。アメリカは急速に工業化して富と自由を手にするようになり、リベラルで楽観的な世界観が広まっていた。それと並行して急成長したのが、反動的なキリスト教の原理主義(ファンダメンタリズム)である。彼らの推し進める禁酒法に反発した自由主義者たちは、彼らをピューリタンに重ねて嘲《あざけ》り、人びとの大きな共感を得た。だからわれわれのよく知る戯画化されたピューリタン像が定着したのは、禁酒法の時代である。歴史の理解には、常にその時々の解釈者の自己理解が組み込まれている。すべての歴史は現代史なのだ。

少し前の映画を見るとよくわかることだが、喫煙をめぐる社会通念や許容度は、この直近五十年のあいだにも大きく変化した。そんな変化を予見してのことではなかったが、わたしもあの時喫煙をやめることができてつくづくよかったと思っている。

エラスムスによると、ボナエ・リテラエの頂点にあるのは「聖書」である。その読み方についてもいろいろと妙な固定観念があるので、ついでと言ってはなんだが、ここでまとめて書いておきたい。授業でよく質問されたことからすると、学生に限らず人びとが聖書の読み方について一般に抱く疑問には、大きく分けて三つあるように思う。

・人は聖書を読んで信仰をもつようになるのか
・聖書に書いてあることはすべて守るべきなのか
・聖書に出てくる奇跡をすべて信じているのか

まず、一つめの問い。人は聖書を読んで信仰をもつに至るのか。わたしの答えは「否」である。こんなことを書くと、きまじめな日本のクリスチャンは眉をひそめるかもしれない。特に聖書主義的なピューリタニズムの影響が今も残っているからだ。

わたしの答えは聖書そのものの自己理解に即しているのだが、その前にちょっと一般常識で考えてみよう。そもそも「読む」という行為は、ごく最近まで一部の人だけができることだった。イエスの時代から十数世紀にわたって、字が読める人は限られていたし、読むべき聖書は教会に一冊あるかないかの貴重な写本だった。それでも人びとはキリスト教徒になったのである。日本のクリスチャン人口が歴史上もっとも多かったのはキリシタン迫害時代だが、その時代に人びとが気軽に読めるような聖書は存在しなかった。それでも人びとは信仰をもったのである。たぶん今よりずっとずっと強靭な信仰を。

どうやってか。それは、パウロが書いているとおり、「聞くこと」によってである。信仰は聞くことによる(「ローマ人への手紙」10章17節)。そして、読むのは一人でもできるが、聞くのは誰か他の人がいなければできない。要するに、信ずるようになるきっかけには誰かがいる、ということである。自分が信頼する人がいて、その人の言葉や思想や行為に感化される。キリスト教に限らず、宗教はだいたいそういう人の連鎖で出来上がっている。すでに書いた通り、わたしにもいくつかの大切な出会いがあった。もし別の人に出会っていたら、わたしはまったく別の信仰をもったかもしれない。

聞くことには、教会の説教も含まれる。聖書は、読むものではなく聞くものである。そして、聞くというからには、その中身は誰かが読んで解釈したことである。つまり、聞くことには何らかの共同体とその伝統が介在している。そしてこれは、すべてのテクスト理解に通じる共通の前提である。誰も、文化的な真空の中で何かを読んで理解することはできない。だから、「自分一人で聖書を読み、そこに書いてあることに得心したので、ある日キリスト教徒になりました」という人はいないのである。

聖書を読むことを重んじるのは、日本のキリスト教界の特徴かもしれない。特に日本のプロテスタント教会で美風とされるのが、聖書を端から端まで読み通す「聖書通読」である。信徒向けの雑誌などでよく「毎日数頁ずつ読んで通読しましょう」という企画が組まれるが、不思議なことに海外でそんな企画にお目にかかったことはないし、日本国内でもたぶんカトリック教会にはない習慣だろう。何しろ、あの厚さである。挑戦したことのある人はよく知っていると思う。「創世記」に始まって「出エジプト記」くらいまでは物語が面白くて何とか行けるのだが、「レビ記」「民数記」あたりで挫折するのが常である。あれを旧約・新約ともに全部読んだ人となると、世界のキリスト教徒ではごく少数だろうし、歴史を通して見ればほとんど極小の人数である。聖書は信じるから読むのであって、読んだから信じるようになるわけではないのだ。

正直に告白しておくが、わたしが聖書を通読したのは、後にも先にも人生で一回だけである。神学校に行くことを決めた際に、一度くらい聖書全巻を通して読んでおいたほうがいいかも、と思ったからである。当時の「口語訳聖書」で計算すると、一日五頁で約一年かかることがわかった。一月一日から始めて、「旧約聖書」を読み終えるのが九月半ば、「新約聖書」が十二月下旬である。それで何とかわたしも通読できたが、もう一度やる予定はない。その時の聖書が、今も使っているいちばん大事な聖書である。

現代に聖書を読む

二つめの問い。聖書にはいろいろな戒律が記されていて、クリスチャンはみなそれを守るよう求められているのか。たしかに「出エジプト記」には有名な「十戒」があるし、「レビ記」には詳細な儀礼的清浄の規定がある。それらを全部守るべきなのだろうか。これも、わたしの答えは「否」である。

神学的に言えば、そういう旧約的な「律法」の止揚また完成が新約の「福音」だ、ということになるが、わたしの答えはここでも神学というより日常世界の現実からである。そしてこれは、わたしだけでなく事実上ほとんど全キリスト教徒の答えなのだ。

どうしてそんなことが言えるのか。「同性愛」という具体例で示そう。すでに何度か書いたことなのだが、よく聞かれるのでもう一度短く繰り返しておきたい。旧約聖書の「レビ記」には、「あなたは女と寝るように男と寝てはならない」(18章22節)と定められているし、新約聖書の「ローマ人への手紙」にも、「男は男に対して恥ずべきことをなし」(1章27節)などという非難の言葉がある。だからキリスト教は同性愛を禁じているのだ、と読めるだろう。

しかし、これらの言葉が非難しているのは「同性愛」ではなく「同性間性行為」であり、しかも異性愛者があえて「自然の関係を捨てて」行なう倒錯行為である。同性愛という関係性の存在が広く知られるようになったのは二十世紀で、聖書が書かれた時代にはすべての人が異性愛者だと考えられていた。ある人びとにとっては同性愛こそが「自然の関係」だ、ということが知られていなかったため、このような非難がなされているのである。

現代では、性的指向は本人の自発的な選択による結果ではないし、自分の意志でそれを変えることも難しいことが明らかになっている。聖書が書かれた時代には、そういう理解はなかった。だから「聖書は同性愛について何も語っていない」と言うのが正しい。それは、聖書が核ミサイルやインターネットについて何も語っていないのと同じだ。問題は、現代に生きるわれわれがそこから何を読み取るかである。

もちろん、こういう読み方に納得しない人もいる。特にアメリカの福音派に多い。彼らは「聖書に書いてあるのだからそのまま受け入れるべきだ」と論じるのだが、実はそういう彼らも、自分ではそんなことをしていない。先ほどの同性間性行為を禁じた旧約の言葉のすぐ傍《そば》には、「入れ墨をしてはいけない」とか「占いをしてはならない」とか「貧しい人や外国人を大切にしなければならない」とも書いてある。同じく新約聖書にも、貪欲、争い、高慢、大言壮語、親に逆らうこと、不誠実、無慈悲などは「死に値する」と同列に明言されている。これらの言葉を一切無視しておいて、同性愛の一節だけを守る、というのでは筋が通らないだろう。そういう読み方をするのは、聖書を読む以前にすでに特定の差別原理が心の中にあるからだ。だから、二つめの問いに対する答えは、事実としても全世界的に「否」なのである。というか、一つめの問いで明らかなように、そもそも聖書を全部読んだ人が少ないので、そこに書いてあることを全部守る、などという発想ははじめから出てこないのである。

それに、律法を全部守るなんて、神が求めることとはどこかちょっとずれているように思う。これは後で「戒律型」宗教を論じる際に説明しようと思っていることだが、ここでは一点だけ新約聖書から引用しておく。

ある日イエスのもとに、永遠の生命を求める青年がやってきて言った。「わたしはすべての律法を小さい時から守ってきました。それ以上いったい何をしたらよいのでしょう」するとイエスはじっと彼を見つめ、それから答える。「あなたに足りないことが一つある。帰って、持っているものをみな売り払って、貧しい人々に施しなさい」それを聞いた彼は、顔を曇らせて悲しみながら帰って行ったという。たくさんの資産をもっていたからだ。イエスは、彼にはできないとわかっていることを特に選んで命じている。別の人には別のことを命じただろう。お釈迦さまの説法が「機」を見てなされるのと同じである。この青年の場合は、律法を守るという彼の宗教的なプライドを挫き、それよりも大切な何かがあることに気づかせるのが目的だ。イエスは、この富める青年を「いつくしんで」(『マルコによる福音書』10章21節)そう言われたのである。

天地の造り主

三つめの問い。聖書にはあれこれの超自然的な出来事が記されているが、クリスチャンは理性を犠牲にしてああいう荒唐無稽な話をみな信じているのか——「奇跡」についてはいつか別の機会にブルトマンから学びつつ論じたいところだが、ここでは天地創造について、受洗当時のわたしが深く心に刻んだ波多野精一の『時と永遠』から一言だけ引用しておきたい。

波多野精一は、西田幾多郎や和辻哲郎らとともに京都学派を構成した哲学者の一人として記憶されているが、それ以前に若くして早稲田大学や東京帝国大学で教え始めており、二四歳で植村正久から洗礼を受けキリスト者となっている。彼が美しい筆記体で書き上げた「スピノザ研究」は、国内では誰も評価できなかったのでドイツへ送られ、博士論文として受理されたほど高く評価された。

やがてドイツへ渡った波多野は、ベルリン大学でアドルフ・フォン・ハルナックに、ハイデルベルク大学ではヴィルヘルム・ヴィンデルバントやヨハネス・ヴァイス、エルンスト・トレルチに学んでいる。このうち、ハルナックとトレルチの著作は、後で本書にも登場する予定である。

『時と永遠』は昭和一八(一九四三)年に発刊されているが、重苦しい時局への言及は一言もない。まさに永遠の相のもとに時を見ていたからだろう。やがて日本は、焦土の中で無条件降伏を受諾する。国家の滅亡は、おそらくユダヤ民族の歴史にも重ねられ得る数少ない断絶の経験である。聖書的伝統においても、創造論が「無からの創造」*creatio ex nihilo* へと醇化《じゅんか》されたのは亡国と捕囚の時代であった。それは、一切を規定しているかに見えた秩序の全体が崩壊し、生が断絶して価値が無化したときに生まれる思想である。人はそこで、みずからの存在が偶然的で、いつ果てるとも知れず、常に非存在の淵に立っていることを悟る。

聖書は「存在の偶然性」などというおおげさな言葉を使わない。けれどもそれは、この事実から目を逸らす慰み事の多い現代よりもはるかに深く認識されていたに相違ない。

われわれの存在は、危うく儚《はかな》い。人は「かろうじて植えられ、かろうじてまかれ、その幹《みき》がかろうじて地に根をおろし」ている(「イザヤ書」40章24節)。「その一生はただ、ほねおりと悩みであって、その過ぎゆくことは速く、われらは飛び去る」のである(「詩篇」90篇10節)。いかに確固として存在しているかに見えようとも、世界とその中のものはすべて、自己の存在の根拠を自己のうちにもたない。

しかし、本当に不思議なのは、われわれの存在が消えてなくなってしまうことではない。そのように儚いものが、なぜそもそも存在しているのかだ。不思議なのは、神が存在することではない。神以外の何かが存在することだ。なぜ世界が存在し、わたしが存在するのか。なぜ何もないのではなく、何かがあるのか。それが本当の問いだ。

波多野は、そこに神の愛(アガペー)を見る。天地創造は、単なる有神論的な世界観の表明ではない。それは、天地の由来について語ったものでもなく、最終的には神について語ったものですらない。それは、この創造者なる神を信ずる「わたし」について語っている。創造の神は、「人間的主體を壞滅の淵より救ひ出す神の愛として特に體驗される」のだ。

つまり、「神が天地を創造した」という信仰は、「われをも救いし」Amazing Grace の変奏に他ならない。わたしを救った神だから、天地を創った神でもあるのだ。「天地がひっくり返っても、自分がキリスト教徒になるなんてことはあり得ない」と固く信じていたわたしが変えられた。あのままいったらとっくに死んでいたはずのわたしが、感謝のうちに生を受け止めることができるようになった。そんなふうにわたしを造り変え、生まれ変わらせることのできる神だから、天地の創造者でもあるのである。このわたしを神へと向き直らせることに比するなら、全宇宙を一瞬にして創造することなど、神にはまったくたやすいことである。

8 預言者――ウェーバー『古代ユダヤ教』

他動詞としての存在

旧約聖書の冒頭に書かれているのは、「天地がどのようにして創られたか」ではない。いや、たしかに神は一日目に何を創り、二日目に何を創った、と順に書かれているので、そう読むことはできる。たぶんアメリカの保守的なクリスチャンは、文字通りそう受け取るのだろう。だが、それではまるで、神が天地を創造しているときに腕利きの新聞記者か何かが傍らにいて、鉛筆を舐め舐めその様子を逐一記録したみたいではないか。

違うのである。あれは、創造のWie(how)を語ることで創造のDaß(that)つまり出来事自体を語っているのだ。この世界は、独立した自前の存在ではない。この世界が存在することの根拠は、この世界の外にある。世界は、単に出来事の内在的な連鎖によって生成したのではなく、その連鎖と因果の外にある何者かの意志によって存在するに至っている。つまりわれわれは、存在しているのではなく、存在させられているのだ。「存在」は他動詞なのである。そのことを伝えるのに、二千五百年前の人びとが用いたのがあの書き方だった。

創造の記事は、単なる事実の報告ではない。それは、自分が存在し、その舞台として世界が存在することを、特別な顧みと受け止めた人間が書いたものである。だからそこには、驚きと感謝が込められている。わたしは、なぜ存在しているのか。存在するに足るような功績があるから存在しているのか。存在は、わたしが自分で獲得した当然の権利なのか。もしそうでないとしたら、わたしはわたしでない何者かの意志によって存在していることになる。創世記第一章は、創造が「どのように」行なわれたかを記述することで、その特別な顧みに対する感謝と讃美を表現しようとしている。聖書を読むということは、書き手のそのような思いを受け止めるということである。

だから創造の信仰は、この世界を見回せば自然と納得できるような結論ではない。世界が存在することをはじめから前提して考える限り、創造の信仰に至ることはない。このことは、プロテスタント神学がしばしば哲学的不信仰の元凶のようにみなしてきた中世の「自然神学」者トマス・アクィナスにおいても同様である。彼によれば、諸事物の因は神の意志であるから、世界は神がその存在を意志するあいだだけ存在する。したがって、世界が常に存在しているということは必然的なことがらではない。だから創造は、「論証的に(demonstrative)証明されることのできないことがら」なのである。三角形の内角の和が二直角であることは、必然だから論証できる。だが、世界の始まりはそういう内在的な必然ではない。だからそれは「学的に認識さるべきことがら」(scibile)ではなく、「信ぜられるべきことがら」(credibile)であって、ただ信仰によってのみ(sola fide)把持《はじ》されるのである。「信仰によってのみ」という一言は、カトリック教会を批判したルターの合い言葉として知られているが、プロテスタントがそれを専売特許のように使えると思うのは誤りである。

「産む」と「造る」

世界が何らかの無秩序や混沌から生じたとする創成神話は、古来多くの宗教的世界観に表明されており、それ自体珍しいものではない。だが、旧約聖書の創造記事には、他と大きく異なる特徴がある。一般的な創成神話では神々の誕生と天地の開闢《かいびゃく》が連続的に語られるが、創世記ではそのような連続性が明示的に否定されている。世界は、神と切れているのである。神は世界を産まない。神と世界の間に、血の繫がりはない。産出(procreation)ではなく創造(creation)である。だから「創造」は旧約聖書に固有の発想だと言うこともできる。それはまた、「世界」の創造であって「国」生みではないから、国家の権威づけにも使えない。「天孫」という血統で特定の人間を神格化することもできない。神との特別な繫がりをもつ貴人は誰もいないが、神の手のわざにより存在するという点では誰もが等しく尊厳をもつ。

こんな特殊な考え方は、いったいどこでどうやってできたのだろう。マックス・ウェーバーの『古代ユダヤ教』は、この問いをもとに構想されている。この宗教は普遍史的な影響をもつ。それは「西洋および近東の全文化発展の一主要点」であって、彼がそれ以前に書いた『プロテスタンティズムの倫理と資本主義の精神』とも共通の、そして後に本書でも取り上げる彼の盟友エルンスト・トレルチとも共通の、問題設定を示している。

二十世紀冒頭の西洋文明は、東洋とりわけその宗教と本格的に出会ったことで自信の揺らぎを経験していた。その揺らぎの中で発展した宗教学という学問は、旧約聖書学の発展と内容的に重なるところが多い。旧約聖書の批判的資料仮説を唱えたユリウス・ヴェルハウゼン、『比較宗教学』を著したサンスクリット学者のマックス・ミュラー、旧約聖書をトーテミズムと動物供犠《くぎ》から解釈して教会から追放されたロバートソン・スミス、旧約聖書はバビロニアからの借り物にすぎないと論じて「バベル・ビベル論争」を起こしたフリードリヒ・デーリッチなど、多彩な人物がひしめいた時代である。いずれの議論も、近代西洋文明が自明のことと信じてきた自己の唯一性や優越性に、深刻な疑問を投げかける含意をもっていた。ウェーバーもその時代の雰囲気を反映させているが、彼にとって近代とは、資本主義経済ばかりでなくその文化全体が宗教史の産物なのである。

その問題設定に、わたしは強く惹かれた。以前「想い出の三冊」というコラムに書いた三冊目が、この『古代ユダヤ教』である。神学校に入ってから級友たちとの読書会で取り上げた本だが、聖書の世界が一挙に歴史全体へと拡がったように思われ、深く魅了されて一章ずつ味わうごとく丹念に読んだ。今日の旧約学の研究水準からすると、いくつかの論点はとっくに時代遅れだろう。というより、旧約学の専門家がこの本を研究書として参照すること自体が稀である。しかし、その思想史的な衝撃は絶大である。ウェーバーは自分では「宗教音痴」を任ずるほど非宗教的な人間だが、かえってそれが幸いしてか、およそ世人が「宗教」という言葉で思い浮かべるものとは正反対のところに豊かな宗教性を見いだす洞察力をもっている。曰く、宗教は伝統主義の枷《かせ》を破壊し、近代化の推進力となって変革をもたらす。宗教は世界に意味を付与し、理念によって人間の生活態度全般を合理化する。そして宗教は、政治権力から独立し、国家の権威をも問いに付す知識人の権利を確立する。

ええっ？　宗教が近代化に役立った？　合理化の駆動力だった？　独自の批判精神を培った？　いずれも現代日本の状況では聞き間違えかと思われるような命題だろう。「脱魔術化」という彼の用語もよく知られているが、それが宗教史の衰退ではなく発展をもたらす、ということを理解している人は多くない。世界が脱魔術化して単なる裸の事実へと還元されればされるほど、人は個人の決断として世界に意味を付与する必要に迫られるのである。

『古代イスラエルとその周辺』

ウェーバーを読むようになったのは、学部時代に旧約聖書学を教わった並木浩一先生の影響もあっただろう。神学という研究分野を大きく分けると、聖書学系と神学思想系とがある。わたしは神学の中でも組織神学が専門で、聖書学はまったくの素人だが、それでもわたしの信仰の半分くらいはこの並木先生の思想でできている。前々回あたりで「授業を通してわたしが圧倒された尊敬すべき教授までもが、人間の思想の優れた営みとして宗教や信仰の話をする」と書いたのも、この先生のことである。並木先生との出会いがなければ、わたしは信仰には至らなかっただろう。少なくともわたしの信仰は、今よりずっと薄っぺらなものになっていただろう。神学的に言えば、旧約は待望で、新約は成就である。旧約は問いで、新約は答えである。旧約聖書の長くて深い問いの果てに、新約聖書の答えがある。手っ取り早く先に答えだけを求めるようでは、信仰が浅薄になるのも当然である。

ちょうどその頃、先生の『古代イスラエルとその周辺』（新地書房）が出版された。奥付をみると、今から思うとても信じられないことに、先生はまだ四四歳の助教授で、同書が最初の単著だった。発行が一九七九年六月二五日、表紙裏にはわずか四日後の二九日付で「著者並木浩一」という自署をいただいてある。「一日の苦労は一日にて足れり」という聖書の言葉も書き添えられているが、これはきっとご自分のことだけでなく、当時のわたしを観察して選ばれた一言なのだろう。わたしはすでに卒業して神学校へ進んでいたが、キャンパスは歩いて五分の隣同士だったので、神学校の授業の傍ら、あい変わらず並木先生の授業にもぐりで出席し続けていた。それも、学部時代にすでに二度聴いた授業である。同じ授業だが、三回目に聞いてもやはり新鮮で衝撃的だった。先生の授業は、だいたい半分が前の晩に読んだ本の感想で、それが授業本体の内容と同じくらい面白かった。「シラバス通りにやれ」などという昨今の愚かな制約がなかった、のどかな時代のことである。

聖書学系で旧約聖書を専門とする人の中にも、いくつかのタイプがある。ひたすら本文の語義的な解釈に没頭する人、考古学的な発掘の成果を重んじる人、そして広く思想的な関心から比較と分析をする人——並木先生は明らかに三つめのタイプで、門外漢のわたしが傾倒していたのも、万葉集やコーランを読みつつ旧約聖書を論じるその部分だった。先生のもとに集まる学生にも同じように思想系の周辺タイプが多かったと思う。二〇二二年に並木先生との対談本『旧約聖書がわかる本』（河出新書）を出した芥川賞作家の奥泉光氏も、その一人である。旧約聖書学プロパーを専攻する学生はむしろ少数派だった。

毎年夏になると、「卒論合宿＋α（プラスアルファ）」と称するゼミが行なわれる。実際の学部卒論生や大学院生だけでなく、すでに卒業した先輩たち、つまり「アルファ」の部分が厚く、多いときには二十人くらいが集まった。「旧約聖書は山に登らないと解らない」というのが山好きな先生の持論で、場所はたいてい奥秩父や南アルプスの麓《ふもと》にある山荘である。二泊三日で、中日は山登りというのが定番だった。山歩きに慣れていない女子学生などにとって、たとえば金峰山《きんぷさん》や瑞牆山《みずがきやま》などはちょっとハードな行程である。発表と討論という本来の勉強とどっちが主目的なのかわからないくらいだった。

地方に行けば、その土地に遣わされていた卒業生や牧師が加わる。わたしが松山の教会に赴任していたときには、石鎚山《いしづちさん》の山行を目当てに一行が訪れてくださった。朗らかで愉しい学びの時間である。調子に乗って、わたしは当時二歳の子どもを背負子《しょいこ》に入れて石鎚の鎖場《くさりば》を登ったけれど、あれは今から考えるとちょっと無謀だった。先生は山の植生にも詳しく、喘《あえ》ぎながら登る山道で珍しい花や草を見つけると、しばし即席の植物学講義が始まるのだった。

祭儀ではなく倫理を

『古代ユダヤ教』は、イスラエルを契約による連合共同体と捉え、その担い手を都市貴族、族長、戦士、農民、祭司などの社会的な階層や集団ごとに分析してゆく。『古代イスラエルとその周辺』も、部族連合の契約思想を論じたり、著者畢生《ひっせい》の主題である「ヨブ記」の思想的解釈を取り扱ったりしている。だが、わたしが両書から特に強い印象を受けたのは、何と言っても「預言者」という存在の理解である。

旧約聖書は、疑いもなく周辺世界の諸宗教から多くの影響を受けている。聖書は唯一神教だと思い込んでいる多くの人は、他の神々の影響がヤハウェ宗教の奥深く中心部にまで及んでいることを知って狼狽するだろう。近代東方学の発展は、こうした広汎な歴史的文脈における影響関係を次々と明らかにし、旧約聖書を外から見る視点を提供した。

たとえば、旧約聖書には「カリテート」と呼ばれる規定がある。貧しい者、寄留者、寡婦や孤児といった社会的弱者に対する人道的な援助の規定である。これが人類博愛主義の基礎となり、近代西洋の人権理解や福祉政策の発展を促した、と論ずることはできる。しかし、こうした規定はエジプトやメソポタミアなどの周辺国家にも見られるもので、規定の存在自体は何ら特別ではないことが知られるようになった。

問題はそれがどのような機序で作用するか、つまり背後にどのような思想があってその規定が機能しているのか、という点である。一般に、権力の頂点に立つ君主や支配者たちは、何でも自分の思い通りほしいままに振る舞うことができるように思われているだろう。だが実のところ、彼らの多くは自分の権力が無条件に安泰だとは思っていない。とりわけ古代世界で彼らが怖れたのは、貧しい者の呪いだった。貧しい者を不正に虐げると、彼らの集合的な呪いが強い魔術的な効果をもつ、と考えられていたのである。だからエジプトの王や高官は、自分が民衆を不正に搾取したり、持ち物や娘たちを略奪したりしたことはなく、飢饉があれば助け、貧しい者を保護したことを誇らしげに記録させて遺した。死者の運命を決する冥界の裁判官の前に立つときのために、自分の罪を隠して心証をよくする魔法の贈り物を入念に用意したのである。こうした賄賂《わいろ》の取引で、神々をいわば「策略にのせる」ことになる。

ウェーバーの見るところ、旧約聖書に決定的に欠如しているのはこの魔術という代用物だった。神ヤハウェは、祭儀や礼拝や供物で宥《なだ》められることはない。人びとが瞑想や性的狂躁によって神秘的に合一を遂げることのできるような存在でもない。預言者アモスは、その神の言葉をこのように伝えている。

わたしはあなたがたの祭を憎み、かつ卑しめる。
わたしはまた、あなたがたの聖会を喜ばない。
（中略）
あなたがたの歌の騒がしい音を
わたしの前から断て。
あなたがたの琴の音は、わたしはこれを聞かない。
（「アモス書」5章21、23節）

宗教的な儀礼はいっさいお断り。そんなもので神を喜ばせることはできない。では、神は何を求めるのか。それが、「公道を水のように、正義をつきない川のように流れさせよ」（同5章24節）という現世的な倫理の徹底である。ヤハウェは、契約遵守の内容として、宗教ではなく倫理を求める。それも、庶民の日常生活において実現されるべき平明な世俗倫理、すなわち社会経済上の正義を求める。ここに、ウェーバーらしい視点が生まれる。神の話ではない。それが人間社会にどのような帰結をもたらすかである。

契約に基づく倫理的要求は明快である。およそ神託というものは、デルポイのアポロン神託のように、意図的に曖昧なまま与えられることが多いが、古代イスラエルではそうではなかった。魔術が欠如しているということは、ヤハウェの倫理的要求が平民層にとって直接的で現実的な重みをもつことを意味する。これが一般大衆の倫理的エートス形成につながるのである。生活態度の組織的な合理化は、ウェーバーが近代プロテスタンティズムの倫理に見いだした特質だが、彼はそれと同じ主題を何と紀元前の旧約宗教に見定めようとしている。そして、その特質を際立たせているのが、預言者という存在だった。

預言者の個的実存

なかでもわたしが興味をもったのは、預言者がどのようにして神の言葉を語るに至るのか、という点だった。旧約の預言者は、忘我と恍惚のうちにトランス状態となって「うわごと」のように語るのではない。そうではなく、自分が体験した事柄の意味を尋ね続け、神の意志を解釈できたと思われた時、場合によっては十日も経ってから、はじめて預言が言葉となって発せられるのである。

当時の並木ゼミでは、エレミヤとハナニヤとの対決の場面がよく話題になった(「エレミヤ書」28章)。時は紀元前五九八年、王国がバビロニアに滅ぼされて第一回の捕囚を経験した直後である。エレミヤは周辺世界の情勢を冷静に判断し、バビロニアに従属して生きる道を求めた。しかしもう一人の預言者ハナニヤは、反対側の隣国エジプトがバビロニアを滅ぼしてくれることを期待し、捕囚がすぐにも終わって人びとは帰還するだろう、と預言した。

当然、人びとは景気のよいハナニヤを歓迎する。そこでエレミヤは人びとを前におよそこう語った。

「まことに、どうか主があなたの預言を実現させてくださるように。人びとが速やかにバビロンから帰還できるように。ただし、わたしがあなた方に語るこの言葉を聞きなさい。昔から預言者たちは災いを預言してきた。平和を預言する者は、その言葉が成就した時、真実に主がその預言者を遣わされたことが明らかになるのだ」

ここでは、同じ神の名で二通りの、しかも正反対の預言がなされたことになる。この時点ですでに、預言者が無媒介に神の言葉を伝達しているのでないことは明らかである。いったいどちらが真正な神の言葉を告げているのか。彼らが示す見かけ上の宗教的熱心も、預言の真正さを保証しない。こんな事態が起きるのは、彼らが神の啓示をひとまず自分の実存において受け止め、そこに表現された神の意志を解釈し、それを自分の言葉にして人びとに告げているからである。その過程に不確実性の揺らぎがある。もしこれが一字一句、口述筆記のように直接彼らに下されたのであれば、このような揺らぎはあり得ない。

エレミヤは、バビロンの王に仕えて生きることを象徴するため、木で軛《くびき》を作り、自分の首に掛けて歩き回った。ところがハナニヤは、民衆の目の前で彼の軛を取って砕き、そして高らかに宣言する。「まことに、主はこのようにしてバビロンの軛を万国民の首から取り除いてくださるのだ」実に見事な、威勢のよいパフォーマンスではないか。

打ち負かされたエレミヤは、無言でその場を去るしかなかった。「預言者エレミヤは去って行った」(同28章11節)という簡潔な一節には、がっくり肩を落として、とぼとぼと去る彼の後ろ姿が目に見えるようである。この時点では、エレミヤ自身にもみずからの預言が正しいという確証はなかった。どちらが正しいかは、彼が語った通り、その言葉が成就した時点で事後的に明らかになるだけなのである。ここに、預言者の個的実存における逡巡と懊悩《おうのう》がある。

エレミヤが立ち直り、新たに語るべき神の言葉を与えられたのは、この事件後「しばらくして」のことであった。「行って、ハナニヤに告げなさい。「あなたは木の軛を砕いたが、わたしはそれに替えて鉄の軛を作ろう。わたしは鉄の軛を万国民の首に置いて、バビロンの王ネブカデネザルに仕えさせる」」エレミヤの理解では、人びとの生きる道はただ一つ、バビロニアに従属し、捕囚の地で希望を捨てずに生き存《なが》えることである。バビロンの王は、つまるところ神の計画の中で役割を与えられ、それを果たしている「ヤハウェのしもべ」にすぎない。国が滅びるのは、神が無力だったからではない。それが神の意志だったからである。だからその意志に従って生きるならば、やがてその同じ神が国を再興してくださるであろう。ヤハウェは国家神ではないから、自分の民を滅ぼす自由ももつが、再興する力ももつ。これがエレミヤの生命をかけた解釈だった。

世界史的な意義

エレミヤのような「古典預言者」が活動したのは、イスラエルにおいても特定の条件が揃ったごく一時期にすぎない。ウェーバーは、彼らの神託が無報酬だったことを特に重視している。つまり彼らは、王権からも祭司権からも独立した自律的な生活基盤をもつ知識人だった、ということである。だいたい彼らが語るのは不吉な災いなので、そんなものに金を払う人はいない。彼らは、予知能力を売り物にする私的営業の「先見者」ではなく、お上の御用に従って祝福や呪詛《じゅそ》を発する宮廷預言者でもない。誰の依頼も受けず、ただ自己の内面から押し動かされて語る。そもそも語りたくて語っているのでもない。だがその存在は、権力から独立して政治活動を行なう知識人、という固有の伝統を形成した。そこに今日も続く彼らの世界史的な意義がある。

9　魂のリズム——井筒俊彦『『コーラン』を読む』

啓示の原体験

学部時代に英文学の授業で、ワーズワースによる詩の定義を習った。"Emotion recollected in tranquility"——詩は、心を震わせる感動を経験したその瞬間に出来上がるのではなく、それを後で静寂のうちに思い返すことで生まれるのだという。これは旧約の預言者についてもあてはまる。彼らは、宗教的体験の「中で」語るのではなく、その後でそれに「ついて」語るのである。

とはいえその場合にも、先立つ何かがあったに相違ない。何も経験しないのに、後から思い返したり言語化したりはできない。つまり、どんなに預言者という人間の個的実存における主体的で事後的な合理化の努力があったにしても、それ以前のどこかでその人と神との原初的な接触があったはずである。「啓示」と言ってもよい。そのコンタクト・ポイントで、いったい何が起きたのか——宗教というものを外から見る人は、そこを知りたいと思うだろう。わたしも、宗教学的な観点からそれを知りたいと思った。

ウェーバーは、旧約預言者のそうした原体験を「エクスタシス」(忘我《ぼうが》恍惚《こうこつ》)と表現して憚《はばか》らない。ヤハウェの言葉が彼らに臨むと、彼らは身体中ががたがたと震え、見ることも聞くこともできなくなり、幻覚や幻視を体験し、痙攣《けいれん》して失神する。「預言する」というヘブライ語の語源は諸説あるが、「よだれを垂らす」「ぶつぶつ呻《うめ》く」などの原義に由来することが示唆されている。ほとんど精神病理学の範疇と言ってよい。ただし、一般に古代世界では、これらの現象は際だった神聖さの徴表とみなされていた。旧約聖書においても、「狂気」と「預言」が同列に置かれているところがあり、どちらも王権に潜在的な危険をもたらす存在として注意深く監視されていたことがわかる。

これも並木浩一先生に教わったことだが、こうした預言者の啓示体験を窺い知るのに最適なテクストの一つが『コーラン』である。井筒俊彦の『「コーラン」を読む』によると、ムハンマドは「あなたにはどんなふうにして啓示が下るのですか」と尋ねられて、こう答えている。「啓示はベルの音のように私のところにやってくる。この形式の啓示がいちばん苦しい。だが、やがてそのベルの音が止み、フッと気がついてみると、それがコトバになって意識に残っている」ベルは、日本語だと「チャリンチャリン」だが、アラビア語では「サルサラ」と鳴るらしい。ムハンマドにとってそれはいちばん苦しい瞬間で、それが過ぎるといつの間にか与えられたヴィジョンが言語化されている、という案配である。

ヴィジョンのロゴス化

あまりに苦しいので、そういう時のムハンマドは、頭から着物をすっぽり被って縮みこんでいたという(『コーラン』七四章)。頭に被り物をするのは、宗教学的にはシャーマン的な憑依《ひょうい》状態の特徴である。日本でもイタコは手拭いを被るが、いずれも自我を後退させて強い昂揚の降臨に身構える動作である。もっとも、ムハンマドは自分が巫者《ふしゃ》や詩人と同一視されることをひどく嫌っていた。自分が超越神から受け取った預言は、彼らが内発的に語り出す呪術の言葉とは違う、と言いたかったのだろう。

さらに面白いのが『ハディース』に記された伝承である。最初に啓示を受けたムハンマドは、恐怖のあまり家へ飛んで帰り、妻に縋《すが》りついて震えていたという。当時の妻ハディージャは、彼より十五歳ほど年上で、いかにも頼りがいのある女性だったらしい。ぶるぶる震えながら妻の膝で「よしよし」されるなんて、この預言者にもちょっとかわいいところがあるではないか。

では、そういう非言語的な体験をあえて言語化すると、どんな結果になるのか。たとえば、以下は井筒訳による第一〇一章である。

どんどんと戸を叩く、何事ぞ、戸を叩く。
戸を叩く音、そも何事ぞとはなんで知る。
人々あたかも飛び散る蛾《が》のごとく散らされる日。
山々あたかも毟《むし》られた羊毛のごとく成る日。

(『コーラン』下、岩波文庫)

最初の「どんどん」という音は、天地の終末が刻々と近づいてくる切迫感を表している。その日には、星々は砕け落ち、山々は飛び散り、天はめりめりと剝《は》ぎ取られ、神の帳簿がさっと開かれる。まことに恐ろしい審判の時である。これらは言語表現としてはたしかに即物的な記述ではあるものの、その全体が「根源的イマージュ」の表出なので、その時に起きる出来事の事実的な描写が意図されているわけではない。読者はそこで、終末の切迫という預言者の強い危機感を受け取ることができるだけである。旧約の創造記事と同じように、やはりWie(how)に訴えることでDaß(that)が語られているのである。

やがてこうした生々しい終末論的なヴィジョンは薄れてゆき、時代が下るにつれてムハンマドの預言は現実的で散文的な物語風の叙述へと移行する。表現形式の移行につれて、その内容も具体的な生活規範や倫理規定などが主になってゆく。預言の形式と内容がこのような推移を辿ることも、旧約の預言者たちと共通である。いずれの場合にも、書かれてあることをそのまま客観的な事実の描写と受け止めたのでは、テクストを読んだことにはならない、ということがよく理解できるだろう。

信仰の身体的表出

残念ながら、わたし自身はそんな啓示体験をしたことがない。しょっちゅうぶつぶつ呻《うめ》いているし、ときにはよだれも垂らすが、預言とは何の関わりもない日常の出来事である。まあ、偉大な旧約の預言者やムハンマドと自分を引き比べるのも大それた話だし、他にそんな人がそうざらにいるとも思えないが。

キリスト教の伝統で少し似ているものに、「異言《いげん》」という現象がある。これは新約聖書にも記されており、今日でもごく一部の教派に見られるが、要するに一種の宗教的なトランス状態に入って理解不能な音声を発することである。田中小実昌《こみまさ》の自伝的小説『ポロポロ』には、牧師だった彼の父の集会で聞いた異言のことが出てくる。小実昌少年の耳にはそれが「ポロポロ」と聞こえた、ということである。それでわかるように、異言は単純な音素の繰り返しが多い。聞いたことのない外国語を話している、と受け取られることもある。新約聖書では聖霊降臨日(ペンテコステ)に起きた集団的な現象として記されているが、他方パウロはその濫用に注意を喚起しており、奨励されたり追求したりすべき賜物とは認識されていない。

こうした諸現象は、信仰の身体的な表出と言えるだろう。厳密に見れば、身体現象のほうが表現されるべき信仰より先に来ているわけだが、前か後かはともかく、いずれにしてもそこには心身の相即《そうそく》がある。ところが、わたしに限らず、だいたい青年期に信仰に目覚めた者は、頭の中で出来上がった思想から入るものだから、どうしても「頭でっかち」になってしまう。身体や習慣がついてこないのである。そういう人間には、日曜日ごとに教会の礼拝に出席する、という日常的な行為がとても大事になる。そこで特に何かが起きるというわけではない。礼拝は宗教的な行事には違いないが、実感としては一緒に礼拝する教会の仲間に会いに行く、という社会的な交流の機能が強い。それでも日曜礼拝は、自分の身体に魂のリズムを刻んで覚えさせる、という点で重要である。そういう身体的な習慣が身につかないと、いつまでも「頭でっかち」のまま信仰は受肉せず、思想も深まることがないからだ。

それで思い出すことが一つある。あれは神学校に入ってしばらくした頃のことだった。わたしは、組織神学の教授でもあった熊澤義宣《くまざわよしのぶ》先生の牧会《ぼっかい》する井草教会(日本基督教団)に出席していた。神学生として、週日夜の祈禱会に出席したり、日曜学校の先生をしたり、いわば牧師の見習いのような働きをする期間である。ある日のこと、先生が高齢の教会員のお宅へ牧会訪問にゆくというので、お供をした。その方は病を得て長らく教会に来ることができなくなっていた。枕元に愛用の聖書が置かれた病床で、滞りなく聖餐式が行なわれ、その後ゆっくりお茶を飲みながら奥様のお話を伺った。ご本人はときに朦朧《もうろう》とする意識の中で、うわごとのように「枕元の聖書を取ってくれ」と言われるそうである。人間の偽らざる真の姿は、明晰な意識のコントロールを免れたとき、ふと現れ出るものである。無意識の中でもしっかりと変わらぬ信仰に貫かれた人生の姿に、わたしは深く頭《こうべ》を垂れる思いだった。

するとその帰り道、熊澤先生はニヤニヤしながらわたしに言うのである。「もりもと君、きみが歳をとって長患いになったら、うわごとで何と言うだろうね。きっと聖書じゃなくて、〝おい、そこに置いてある『プレイボーイ』を取ってくれ〟なんてね」——当時ピンナップ・ヌードを売り物にしていた雑誌のことである。神学校の教授というものは、なかなかに鋭い観察眼をもった怖い存在であることを知った。

『イスラーム文化』

同じ井筒俊彦著の『イスラーム文化』(岩波文庫)もよく読んだ。自分で教えるようになってからは、授業で必ず引用する重要参考文献の一つになった。同書は一九八一年の出版で、オイル・ショック、イランのホメイニー革命、イラン・イラク戦争といった直近の世情を反映させないわけにゆかなかったのだろう。イスラム体制が西洋近代の政教分離理念を前提しておらず、聖俗不可分の社会であること、ムハンマドは宗教だけでなく政治においても最高指導者であり、人間生活の全般を裁可する存在でもあったこと、などが説明されている。だが、著者の関心は明らかに思想的な文脈にあり、特にキリスト教やユダヤ教との比較考察に向けられている。

イスラム教からすると、これら二つは「アブラハムの宗教」として兄弟関係にある。キリスト教で言う『旧約聖書』の内容も、三つの宗教間で一部共有されている。ムハンマドは聖書を読んで『コーラン』の材料にしたと言われることを嫌ったので、共有といってもごく限定された意味でしかないのだが、それでも共通のところがあれば、その扱い方次第で三宗教の違いが際立つことになる。なかでも、「原罪」に関する叙述の違いは特徴的である。

ムハンマドの預言は、初期には先に記したような終末論的な審判を告げるものが多かった。本人の個人的な罪意識が強烈だったからだろう。やがてメッカからメディナへと遷行(ヒジュラ)し、教団形成の時期を迎えると、より肯定的な人間観が優勢になる。「創世記」三章に記されたアダムとエバの堕罪物語は『コーラン』にも何度か登場するが、『イスラーム文化』によると、そこには「原罪」という観念がまったく見られない。人間はたしかに罪を犯すが、それは人間の本性が根っから悪であることを示すのではなく、むしろその度に罪を赦《ゆる》す神の限りない慈悲深さを示す説話になっているのである。現実の人間は、繰り返し悪に陥る。だがそれは本質的な汚れではなく、積極的な努力によって改善し克服することができるのである。このような楽観的で現世肯定的な志向性は、新しいイスラム共同体の建設に大きく寄与したことだろう。

これに対して、キリスト教的な「原罪」理解は、人間の全的な堕落を強調する。宗教改革者たちの渇望と絶望から始まったプロテスタンティズムでは、特にその傾向が強い。アウグスティヌス派の修道僧だったルターは、厳格な修行による自力救済の道を求めたが、努力すればするほどその不可能性に絶望するようになり、新約聖書を読み直して自分の義ではなく「神の義」に救われる道を見いだした。カルヴァンも、カトリシズムの救済論を「行ないによる救い」と断じ、ひたすらキリストへの信仰によってのみ救われると論じた。彼らが読む限り、創世記の堕罪物語だけでなく、聖書全体が人間の全的かつ本性的な堕落と「自力救済」の不可能性を指し示している。

ここに言う「罪」は、人が行なうあれこれの悪のことではない。人間が大小いろいろな罪を犯すというより、人間存在それ自体が罪という規定性をもつのである。それは、行為ではなく存在である。だから使徒パウロにとって、「罪」は常に単数である。この世に生まれた人間は、誰一人そこから逃れることができない。「わたしは、なんというみじめな人間なのだろう。だれが、この死のからだから、わたしを救ってくれるだろうか」(「ローマ人への手紙」7章24節)。苦悶に満ちたパウロの嘆きである。

戒律型と原罪型

とすると、ここには二つの異なった宗教性があることがわかる。わたしはそれを「戒律型」と「原罪型」と名づけて説明してきた。一方の「戒律型」宗教にとり、戒律は基本的に実行可能(doable)である。イスラムの五行、すなわち信仰告白・礼拝・断食・喜捨・巡礼も、すべて実行できるし、すべきことである。毎日五回の礼拝、特に夜明けの礼拝などは、さぞたいへんだろうし、すべてのムスリムが毎日必ずやっているわけではない。でも、やらなかったとしても特に気が咎《とが》めるわけではない。今日できなければ明日やればよいし、明日できなければ明後日やればよいのである。時間も決まっているが、実情に合わせて対応すればよい。要するに、やれるときにやれるやり方でやればよいのである。常軌を逸した、あまりに非人間的なことは要求されていない。だから「戒律に縛られる」などという発想もなく、淡々としていて肯定的で建設的。気分にも健康にもよい。われわれが朝起きて顔を洗ったり歯を磨いたりするようなものである。別にやらなくてもいいが、やったほうが気持ちがいい。

ところが、「原罪型」の宗教では、戒律は基本的に実行不可能(un-doable)である。どんなに努力しても、命ぜられていることの一切を完全に行なうことはできない。というより、努力すればするほど、求められている理想像から遠く隔たっている、という自覚が深まるばかりである。だから先ほどのようなパウロの絶望の叫びが出てくるのである。

新約聖書でイエスが語った「山上の説教」は、よく知られているだろう(「マタイによる福音書」5章)。旧約聖書の律法(戒律)が次々と取り上げられ、鋭く内面化されている。単に字面の上で遵守していればよいのではなく、心の奥底まで従っていなければならないのである。「隣人を愛せ」くらいなら、何とか努力すればできるかもしれない。だが、「敵を愛せ」と言われるとどうだろうか。「右の頬を打たれたら左の頬を出せ」なんて、冗談じゃない、普通の人にできることではないし、そんなことすれば相手がつけあがるだけだ。「殺すな」ならわかる。だが、「兄弟にむかってばか者と言う者は、地獄の火に投げ込まれるであろう」はどうか。兄弟げんかをして、泣きながら「お兄ちゃんのバカ!」と叫んだことがある人なんて、山ほどいるだろう。そういう人はみな「地獄行き」である。「姦淫するな」ならわかる。だが「だれでも、情欲をいだいて女を見る者は、心の中で姦淫をしたのである」と言われれば、自分は無罪だ、と主張できる男性がどれだけいるだろうか。しかも、イエスは続けて言っている。「もしあなたの右の目が罪を犯させるなら、それを抜き出して捨てなさい。五体の一部を失っても、全身が地獄に投げ入れられないほうが、あなたにとって益がある」これを言葉通りに実行したら、全世界の約半分が失明してしまうだろう。

ルターはこの困難を説明して、律法の「市民的用法」と「神学的用法」を区別した。律法には、「モーセの十戒」のように、殺人や姦淫や窃盗や偽証を禁じて市民社会の秩序を維持するという世俗的な役割もある。しかしもう一つの目的は、「罪の自覚」を得させることである。律法が「むさぼるな」と命じなければ、「むさぼり」という罪を知ることはなかっただろう(「ローマ人への手紙」3章20節)。

人間に罪の自覚を生じさせて救いの必要を悟らせるのが、律法の「神学的用法」である。

戒律の数

戒律型と原罪型では、守るべきルールの数も違ってくる。イエスによる再解釈では、旧約律法の規定は高度に精神化されるため、形式的な遵守が至上義務ではなくなる。といって、律法は廃されるわけではなく、かえって成就することになる。字面でなく、律法の精神を守ることが求められるからである。その結果、細々とした旧約の律法は、すべて「神を愛し、隣人を愛する」という二点に集約される。つまり、原罪型では数が減るのである。というより、数はほとんど問題にならない。

逆に戒律型では、どんどん増えてゆく。戒律が具体的だからである。イスラム教では、五行だけではなく、食事や服装や異性関係など生活の全般にわたってハラール（許可）とハラーム（禁忌）の規範が事細かに定められている。たとえば五行の一つである礼拝をとってみても、時間や場所や方法、事前の清浄などの付随規定がある。しかも、必要に応じてそれぞれさらに、兵士は、妊婦は、旅行中は……などと例外規定が定められてゆくものだから、どうしても数は増えることになる。倫理学では、これを「決疑論」casuistry と呼ぶ。細分化された個々のケース casus について、個別に善悪を判断するからである。

ユダヤ教も戒律型である。伝統的には六一三の戒律があると言われるが、この数は実数というより理念数だろう。こちらも、一つのルールを守るために付随するルールがあり、それぞれについてさらに細分化されたルールが設けられている。たとえば、「安息日を守る」という戒律をとっても、その遵守にはラビたちの定めた三九の禁止規定に従わなければ守ったことにはならない。しかも、その三九の禁止は「結ぶ」「こねる」「刈り取る」「火をおこす」「文字を書く」などのごく一般的な表現なので、その適用範囲をめぐってさらなる解釈が必要になる。安息日に歩いてよいのは何歩までか、字は一つなら書いてもよいか、食事の支度はどこまで可能か、毛織物の洗濯が不可なら綿織物はよいのか。火事や急病人が出た場合は例外か。通報したり治療したり消火活動をしたりすることは許されるのか。こういった具合で細分化が進むのが、戒律型の決疑論的な特徴である。

面白い話もたくさんある。厳格なユダヤ人は、安息日に電気製品を使わない。スイッチで火花が飛べば「火をおこす」行為になってしまうからである。だからユダヤ人が多く住むニューヨークの建物では、行先階のボタンを押さなくても済むように、安息日のエレベーターは一階ずつすべての階に止まる自動運転になる。ただし、すぐ隣のエレベーターは普通に運行するので、誰かが行先階のボタンを押してくれれば、いそいそとそちらに乗り込んでくる。自分が押さない限り、便乗するのは許されるのである(もしそういう真面目なユダヤ人がもじもじしているのを見たら、エレベーターのボタンを押して助けてあげましょう)。

電気を使わないといっても、安息日に冷蔵庫を使い続けることは許されるらしい。ただし、冷蔵庫というものは、開けると内部を照らす明かりが点くようになっている。あれはいけない。だから安息日が始まる前に、冷蔵庫の電球を外しておくのだそうである。はあ疲れる。

律法の決疑論化

炯眼《けいがん》な読者の中には、もしかするとユダヤ教が戒律型であることを不思議に思われる方があるかもしれない。何せ、あのアダムとエバの物語は旧約聖書に出てくるのだから、ユダヤ教は原罪型のはずではないか。

この疑問に対する解答は、前回扱った『古代ユダヤ教』に出ている。あの原罪譚はキリスト教経由ではよく知られているが、ウェーバーによると、旧約聖書自身の中では何の救済論的な意義も与えられていない。人類最初の堕罪という神話は、ユダヤ教では契約思想に吸収されて倫理へと方向転換されてしまった。後代のラビは、アダムが楽園で何をしたかよりも、「金の子牛」を拝んだ偶像礼拝のほうをはるかに重い罪と見なしている。前者は契約以前の神話だが、後者は神との契約を破る民族史的な罪だからである。

捕囚後に成立したユダヤ教団においては、真正な「預言の霊」は消滅したと考えられるようになる。ペルシア帝国やヘレニズムがもたらした相対的な平和の下で、モーセ律法は倫理的決疑論へと合理的に組織化され、その解釈を担う都市的な祭司階級がユダヤ民族を定義するようになった。やがてそのど真ん中に生まれたパウロが、アダムをキリストとの予型論的な対比に取り込んで救済を語るようになるまで、原罪論はしばらく姿を消すことになる。

10 「弱さ」の自覚――『大パリニッバーナ経』

実行可能な戒律

もちろん、すべての宗教を「戒律型」と「原罪型」の二つに振り分けることはできない。同じ一つの宗教の中でも重複や濃淡があるだろうし、時代による変遷もある。たとえば、キリスト教でもプロテスタントは明らかに原罪型だが、カトリックは大罪小罪の区別などがあって、どちらかといえば戒律型に寄っている。

仏教も、現世の苦諦《くたい》が不可避だという認識には原罪型の要素も見えるが、初期仏教では戒律型の要素が強い。『ブッダ最後の旅』という題で岩波文庫に入っている『大パリニッバーナ経』は、お釈迦さまが死を覚悟し、一番弟子のアーナンダを伴った最後の旅に出かけて入滅するまでの教えを記したものである。村々を経巡りながら、いくつもの大切な戒律を説いているが、いつも授業で引用して学生の受けがよいのは次の一節である(第五章九)。

「尊い方よ。わたくしたちは婦人に対してどうしたらよいのでしょうか?」

「アーナンダよ。見るな」

「尊師よ。しかし、見てしまったときには、どうしたらよいのでしょうか？」

「アーナンダよ。話しかけるな」

「尊い方よ。しかし、話しかけてしまったときには、どうしたらよいのでしょうか？」

「アーナンダよ。そういうときには、つつしんでおれ」

アーナンダとの対話
（授業中の学生の落書き）

この問答は、戒律型宗教の特色を明快に例示している。まず基本原則として、修行僧は女性と関わりをもたないことが求められており、見ることも禁じられている。でも、どうしても誘惑に負けて、ちらりと見てしまうことだってあるだろう。そういう人間の現実が率直に認められている。その上で、そういう場合にはどうしたらよいかが問われる。

大事なのは、禁令を破ってしまったこと自体に何の罪悪感も負わせていない、という点である。よろしい。見てしまったのはしかたがない。でも、今後は気をつけなさい。話しかけたりしてはいけない。はい、わかりました。でも、そう言われていたけれど、やっぱり話しかけてしまった。お茶に誘ってしまった。そういうことだってあり得るだろう。そのときはどうしたらよいか、とさらに尋ねる。この段階でも、破戒の事実そのものは咎《とが》められていない。それを認めた上で、「つつしんでおれ」とまた次の禁止をかける、という具合である。訳者の中村元は、この「つつしむ」という言葉にさらなる注をつけ、次のような釈尊の言葉を引用している。「修行僧らよ。お前たちは、母のような女に対しては、母だと思う心を起せ。姉妹のような女に対しては、姉妹だと思う心を起せ。娘のような女に対しては、娘だと思う心を起せ」

どこまで行っても、具体的で明快である。そして、そうであればあるほど、「ではこういう場合はどうか」と、ますます個別ケース casus における解釈や適用の是非を尋ね続けることになる。これが決疑論 casuistry の特色であり、戒律型宗教の本旨である。釈尊本人は、最期の言葉で「わたしが亡くなったのちには、もしも欲するならば、瑣細《ささい》な、小さな戒律箇条は、これを廃止してもよい」(第六章三)と告げているが、後の初期教団は必ずしもこれに従わなかったようである。念のために繰り返しておくが、戒律を守ることが大切だ、という認識に変わりはない。同書にも、守れば財産が豊かになり、良い評判が起こり、死後は天に生まれるなどの利点があるし、逆に守らなければ財産も評判も失って、最後は地獄に生まれるぞ、という言葉もある(第一章)。戒律というものは、実行されるべきであり、かつ実行できると想定されているのである。

日本仏教の場合

原罪型の宗教では、まさにこの想定がない。戒律を守って救われる、という自力救済の思考がない。だから「修行」という概念もない。「がんばって戒律を守る」「今はできなくても、修行すれば守れるようになる」と考えられていないからだ。というより、自分の努力で救われると考えること自体が、そもそも罪なのだ。キリスト教でも、修道院があるのはカトリック教会で、プロテスタントの伝統には基本的に見られない。同じ聖書を読んでいても、こうして伝統に違いが生じてくるのである。

仏教でも同じように変遷がある。最初の大前提には、在家信徒なら五戒（殺生・偸盗《ちゅうとう》・邪淫・妄語・飲《おん》酒《じゅ》）や八斎戒、出家して僧侶になると男性なら二五〇、女性なら三四八といわれる具足戒が定められている。戒律の数が多いことが、というより、そもそも戒律があれこれと数え上げられていることが、戒律型宗教の特色である。

一方、日本の仏教では、少数の修行僧が知られているものの、一般に戒や律はあまり重要視されていないように見える。その変遷の経緯や是非については仏教界で繰り返し論じられており、門外漢に容喙《ようかい》できる余地はないが、一つの契機とされているのが平安期の『末法灯明記《まっぽうとうみょうき》』である。今は末法の世である、と同書は記す。だから、持戒は名ばかりになっており、もし真剣に戒律を守っている僧がいるとしたら、それは市中に虎がいるようなもので、誰もそんなことを信じることはできない、というのである。持戒も破戒も意味を失った、という時代認識は、その後に続く法然や親鸞《しんらん》、さらには栄西や日蓮にも受け継がれている。鎌倉期の仏教大興隆に同書が広く深甚な影響をもたらしたことの証しである。

凡夫に戒律の遵守は不可能だ、という認識は、原罪型の人間理解に限りなく近い。総じて浄土系の信仰理解は、プロテスタントのそれと並行的である。法然や親鸞が厳しい修行の後にたどり着いた専《せん》修念仏《じゅねんぶつ》の立場は、「信仰のみによる救い」というルターの信仰義認論とそっくりだし、自分が戒律を守ることで救われるのではなく、阿弥陀《あみだ》の功徳が衆生《しゅじょう》に降りてきて救われるのだ、という理解は、自分の義ではなく「神の義」による救いのことであると翻案できる。両者は、構造的には明らかに原罪型という同じ類型に属している。あまりに似通っているので、後にイエズス会の宣教師が来日した時には、驚愕して「日本にはルター派の異端がはびこっております」というトンチンカンな報告をしているほどである。

もう一つの方向性

ただし、日本仏教の戒律軽視がそのまま原罪型につながるかというと、そこはちょっと怪しい。もう少し別の角度へと展開する可能性もあるからだ。幕末から明治初期の禅僧に、原坦山《はらたんざん》と諸嶽奕道《しょがくえきどう》という二人がいる。ともに学問と禅の大家で、後に曹洞宗の偉大な指導者となった二人だが、若い頃のこんなエピソードが伝わっている。

坦山と奕道が、ある時、一緒に泥道を旅していた。激しい雨がまだ降っていた。曲がり角にさしかかると、交差点を渡ることができないでいる、絹の着物と帯をつけた奇麗な娘に会った。坦山は、すぐに「お嬢さん、いらっしゃい」といって、腕に彼女を抱きかかえて、泥道を渡してやった。奕道は、その晩、彼らが泊まる寺に到着するまで、何も言わなかった。そこで、もう我慢ができなくなって、彼は、坦山に、「われわれ坊主は、女、ことに若くて、可愛いのには近づかない。危ないからだ。君は、なぜああしたのだ」と言った。坦山は、「わしは、あの子をあそこに置いてきた。君は、まだあの子を連れているのか」と答えた。

これも、授業で引用すると大いに受ける話である。そこで学生たちに尋ねてみる。「あなたはどちらのお坊さんに共感しますか」——すると、男女ともに、坦山に与《くみ》するほうが圧倒的に多い。戒律にも我欲にも囚われず、スマートで自由闊達に見えるからだろう。坦山には、現代っ子好みのパフォーマンス的な要素すら窺える。しかし、わたしは奕道のほうが好きである。悶々とした内省の姿。ことに、宿屋に着くまで何も言わず、ずうーっと悩みながら歩き、ついに耐えきれなくなって爆発するところ。いかにも木訥《ぼくとつ》で、思想的に鬱屈《うっくつ》していて、やがて何か大きなブレークスルーをもたらしそうな気がする。

坦山は、人気者で格好がよいかもしれないが、ひとえに「弱さ」の自覚がない。戒律は、誘惑に陥りやすい人間の弱さを見つめてつくられたものである。それを平然と無視する態度には、多少の破戒を犯しても、自分は堕落しない、という強さへの自信が見える。だがそれは、倨傲《きょごう》や慢心と紙一重である。宗教とセクシュアリティは、ともに強い磁力をもつためか、洋の東西を問わず深く結びついており、極端な禁欲主義と極端な快楽主義の間でバランスを取ることが求められる難しい主題である。

なお、ここに引用した坦山のエピソードは、ウィリアム・E・ペイドンの『比較宗教学』(東京大学出版会)に出てくるものである。ペイドンがそこで使った出典も、日本ではなくアメリカで出版された英文の文書なので、多分にアメリカ人研究者の目線が反映されているだろう。念のためにもう少し遡って原典を確認しようと思い、『坦山和尚全集』（光融館）に収録されている「坦山和尚逸事」を調べてみた。すると、やはり場面の設定や会話の内容がかなり異なっている。どこでそういう食い違いが生じたのかはわからないが、翻訳の過程で生じる程度の相違ではないので、まったく別の典拠があったのかもしれない。それでも、肝心の一言だけはぴたりと合っている。「君はまだ彼の少女を抱いて居るか僕はアノ時限りぢやはい」

現代日本の仏教のあり方には、明治五年の太政官布告「肉食妻帯勝手たるべし」も大きな節目となったことだろう。ただし、妻帯が真宗系に限らずほとんどの宗派で常態化していることは、なかなか正面から議論しにくいようである。近年では、寺院の後継者問題を憂慮してのことか、宗派教団主催の「婚活パーティ」も実施されているという。にもかかわらず、日本の仏教界ではなお出家主義が建前となっているため、「谷間に落ちた」僧侶の配偶者は「寺族」「大黒」「梵妻《ぼんさい》」などと呼ばれて存在を隠蔽されることになる。これをジェンダー論の視点から「虚偽の出家主義」（fictitious celibacy）と批判するのが川橋範子である。わたしと同じ頃に宗教学でプリンストン大学の学位を取得した研究者で、かれこれ三十年以上の同志である。よく二人で話すことだが、カトリック教会の聖職者独身主義は、あとどのくらい続けられるだろうか。

人文学のよき伝統

神学校時代に通っていた教会のことをもう少し紹介しておきたい。人文学系の多彩な学者が集まっていたからである。井草教会(日本基督教団)は、いかにも日本のプロテスタントにありがちな知性派の教会だった。創立者は小塩力《おしおつとむ》牧師。東京帝国大学農学部を卒業してから東京神学社へ進み、植村正久や高倉徳太郎に学んだ。つまり明治日本のプロテスタント的伝統の最高峰を歩んできた指導者である。小塩が戦後すぐに杉並の私邸で始めた集会は、本人の早世後しばらく停滞したが、一九七七年に熊澤《くまざわ》義宣《よしのぶ》牧師を招聘して再興された。その熊澤先生に招かれてわたしが神学生として出席するようになったのは、それから二年後のことである。

小塩牧師の長男は、国際基督教大学(ICU)や中央大学で教えたドイツ文学者の節《たかし》。節の妻トシ子は英文学教授。長女の久米あつみはカルヴァン研究者、あつみの夫となった久米博は現代フランス哲学者。親族以外では、ルターやエラスムスの研究者である金子晴勇《かねこはるお》、アウグスティヌス研究者の加藤武などがいた。教会誌の「井草だより」によると、ちょうどその頃『ルターの人間学』で日本学士院賞を受けた金子晴勇のために、最晩年の石原謙が祝辞を寄せ、これに久米あつみが返辞を書いている。石原謙は戦中戦後の困難な時代に東京女子大学の第三代学長を務めており、後に同大学の哲学科教授となったのが久米あつみである。わたしにとってはみな信仰と学問の先達で、今も見上げるようなボナエ・リテラエの群像である。

金子晴勇は、国際基督教大学に助手として勤め始めたところで小塩節と出会い、井草教会に通うようになっていた。わたしは礼拝で顔を合わせるだけだったのだが、たまたま当時の神学生仲間で『ルターの人間学』を読もうという話になり、「そういえばお前、教会で知り合いだろう」と言われて「謝礼も払えませんが来てください」という失敬なお願いをするはめになった。礼儀正しい今の学生にはできないことかもしれない。昔はそういう無謀さも、勉強のためなら多少は許されていたような気がする。もちろん著者は快く承諾してくださり、未熟なわれわれの議論に付き合って楽しまれた。「良心」という言葉の重みと、それが個的実存の確立に不可欠であることを知ったのは、あの本のおかげである。

小塩節は二〇二二年に亡くなり、懐かしい井草教会で催された記念会にわたしも出席した。ドイツ連邦共和国の日本大使館公使、ケルン大学名誉博士、ワイマール・ゲーテ賞受賞など、公の文化人としても数々の功績をもつ小塩だが、教会では一人の信徒として仕える頼もしい存在だった。忙しい中で付属幼稚園の園長も務めており、本人も子どものように大きな声で素直なお祈りを捧げる。あつみの追憶によると、兄は小さい時からいたずら者で、日曜学校の教師になっても悪童仲間と大活躍だった。彼がピアノで「からすなぜ鳴くの」を弾くと、仲間たちが一人また一人とすすり泣きを始め、やがて歌に合わせてぴたりと泣きやめる。その息の合った迫真の演技に満場が一喜一憂したとか。あまりに「面白すぎる日曜学校」というのもどうか、という話になり、一同が自重した結果、目に見えて出席者が減り、ちょうどよくなったという。まあ教会で讃美歌の代わりに「からすなぜ鳴くの」を歌っているところからして調子外れなのだが、そんなことはちっともお構いなしに楽しんでしまうところが、いかにも井草教会らしい。

他にも理工系や若手の大学関係者が数人いた。それでいて、インテリぶったところはみじんもなく、教会は朗らかで楽しい雰囲気だった。熊澤先生の説教も親しみやすい内容だったが、いつもやたらと長いのには閉口した。最前列に座っている長老たちも、こっくりこっくり気持ちよさそうに居眠りする。話をする牧師もそれを知っているが、だからといって短くしようとは考えない。その反動か、説教が終わるとみんな目を覚まして背伸びをし、思い切り大きな声で最後の讃美歌を歌うのである。いったい教会って何だろう。みんな何のために来ているのか、よくわからなくなる。難しいことはともかく、同信の友が集まって一緒に祈り、神の言葉と祝福を受け、讃美と感謝を捧げる。そういう人びとの交わりである。

「長老」という概念

面白いことに、「長老」という概念は宗教や文化を超えて共通に通用する価値をもっている。仏教で「長老」と言えばサンスクリット語由来の言葉で、僧団内で尊敬されていた保守的な指導者たちのことを指す。やがて釈尊の定めた戒律をめぐり、これを厳格に維持しようとする集団が上座部となり、修正しようとする集団が大衆部《だいしゅぶ》へと発展してゆく。この「上座」(thera)の人びとが「長老」である。

一方、旧約聖書に出てくる「長老」は、ヘブライ語の「あごひげ」が語源らしい。知恵に満ちた年配の男性で、政治的な公権力の執行者というより、集団内部に起きた揉め事の裁定者である。新約聖書でもさほど変わらない。ギリシア語で「長老」を意味するプレズビュテロスも、語源は「年寄り」である。イスラム社会で用いられる「シャイフ」も、宗教的な権威をもった長老を意味する。

政治の分野で見ると、ローマの「元老院」制度も同じ趣旨と言えそうである。アメリカ建国期の人びとはローマの共和政に青年のような憧れを抱いていたので、元老院にあやかって「上院」Senateを設置し、独自の権限と管轄を付与した。しかし、ローマ政治史の専門家によると、元老院制度も帝政期には私欲で劣化し、美点よりも弊害のほうが大きくなったという。日本で「良識の府」とされる「参議院」はどうだろうか。

教会で「長老制」というと、それは年齢や知恵の話ではなく、戒律や教義の話でもない。教会という組織をどのように運営するか、という制度の話である。教会の統治形態は、だいたい「監督制」「会衆制」「長老制」の三種類に分けられる。「監督制」では、教派の全体組織が重視され、そのヒエラルキーを代表し監督するために主教や大主教が置かれる。ローマ・カトリック教会がその典型で、プロテスタントでもアングリカン教会（英国教会・聖公会）やメソジスト教会などがこの方式である。その対極にあるのが「会衆制」で、こちらは一つ一つの教会に独立の主権をもたせて、それ以上の権威を基本的に認めない。バプテスト教会がその典型で、ピューリタンの主流派もここに含まれる。

「監督派」と「会衆派」の中間あたりにいるのが「長老派」である。長老制では、各個教会と教派全体の中間、つまり地域ごとの近隣教会のまとまりにこそ本来の教会（中会 Presbytery）の姿があると考えられている。組織はそれぞれ大・中・小にまとめられて縦に秩序づけられており、その分だけ管理や統制もしやすくなるので、国教会のような監督制の中央集権体制とも親和性が高い。革命期のイングランドで、国家の宗教統制を嫌った詩人ミルトンが「「長老」なんて昔の国教会「司祭」を大書しただけじゃないか」と怒ったのもそのためである。

会議が主役

とはいえ、長老は必ず複数いて合議制なので、主教や大主教という一人の個人が権威を体現するのとはちょっとシステムが違う。教会を代表するのは「総会議」で、対外的な声明などで個人名が必要な場合には「総会議長」名が使われる。特定の個人ではなく会議に主権があり、その議長が任期中だけ代表権をもつ。平たく言えば、ローマ・カトリック教会の「教皇」のような身分や人物は存在しない、ということである。これは各個教会でも同じで、それぞれの教会には信徒代表たちで構成される会議があり、牧師はそれに参加する長老の一人にすぎない。

今から振り返ってみると、会議というものの大事さを学んだのは、教会ではなく大学の寮だったように思う。神学校に入る前に話が戻ってしまうが、寮生活のことはどうしても触れておかねばならない。学問や信仰とはあまり関係のない話だけれど、そこで得た経験が後々大いに役立つことになるからである。

11 会議の精神——大木英夫『ピューリタン』

「会議制」の教会

日本で最大のプロテスタント教派は、日本基督教団である。成立は一九四一年。つまり国内にあるさまざまなキリスト教会をひとまとめにして統括する、という戦時政府の方針により成立した合同教会である。時局への妥協も甚だしく、伊勢神宮へ参拝し、皇国に忠誠を誓い、軍用機を献納した。戦後それが分裂の火種になるのだが、成立時のいちばんの問題は、どのような教会制度を採るかということだった。何しろ全部で三十を超える団体の合同で、会衆派だの監督派だのという違いだけでなく、ルター派やホーリネス系、さらにはＹＭＣＡから救世軍まで、「キリスト教」と名のつくものなら何でもかんでも一緒くた、という大同団結だったからである。制度設計など、はじめからないに等しかった。

そこで採用されたのが「会議制」である。この言葉にどれほどの実質が意図されているのかはわからない。どこの教会だって会議の一つくらいはあるだろうから、それを会議制というならみんな会議制だろう。当時の状況からこれを率直に翻訳すると、特定の教会制度に基づいた統一はしない、という意味になる。「みなさんそれぞれの伝統がおありでしょうから、あとはご自分たちでお決めください」という趣旨なのである。だから各教会では、それまでの教派伝統に応じて「役員会」「長老会」「執事会」などの名称が自由に使われた。

それでも、「会議制」を採る限り、どの制度でも一応は守らなければならない決まりがある。それが「議事規則」である。わたしは大学に入るまで、というより大学で第一男子寮に入るまで、そんなものが存在することすら知らなかった。議事規則とは、教会でも大学でも、あるいは町内会やマンションの管理組合でも、何らかの会議があるところではどこでも通用する、ごく一般的なルールである。

寮生活の決まりごと

当時の国際基督教大学には、男子寮が三つ、女子寮が四つ、それに夫婦向けの大学院生寮が一つあった。わたしは自分の生育環境を逃れるために何としても寮に入りたかったのだが、自宅が都内だったのですぐには入れず、秋入学の外国人学生と一緒にようやく入寮を許可された。それが第一男子寮である。開学当初に建てられた古い木造の二階建てで、窓の外にはすぐそばまで深い木立が迫っていた。

わたしが最初に入った部屋には、テラオカさんという最上級生がいた。上級生になると二人部屋が用意されるのだが、彼はなぜか他学年と一緒の四人部屋にいた。とても不思議な人で、夜になるとふらりと帰ってきて、ヘッドフォンでジャズを聴きながら朝まで物理の勉強している。いったいいつ寝ているんだろう、と思ったものだ。もの静かなベトナム人のグエン・アン・Eさんもいた。兄弟がたくさんいて、上から順にABCDEという名前をつけられている。彼は五人目で、後にご兄弟のDさんやFさんにもお会いしたが、いずれもベトナム政府の要職に就いていた。

寮生活には、いくつかの「デューティ」がある。たとえば、「インフォメ」業務。週二時間がノルマだが、お金を払って代行してもらうこともできる。他の寮生がアルバイト代わりにやってそのお金を受け取るのである。業務内容は、玄関脇の小部屋に受付係として座り、電話番をすることくらいだった。電話がかかってくると、廊下に向かって「○○さん、お電話でーす」と叫ぶ。かかってきたのが女性の声なら「お電話」だが、男性だと「お」がつかない。「お電話でーす」と言われていそいそと出てみたら母親だった、なんていうのもよくある話だった。風呂当番もあった。掃除をして時間になると「お風呂が沸きましたー」と叫んで回る役である。

なかでも、寮生のもっとも神聖な義務は「寮会」への出席である。「自治寮」を標榜する以上、運営は寮生たち自身に委ねられており、寮会はその最重要な議決機関である。これは毎月一回、夜一〇時から始まり、深夜に及ぶこともあった。人によってはこれが耐えがたい苦痛で、わたしのルームメイトだった本間道夫君などは何を言われても出席を拒んでいた。生物学の専攻だった彼は、当時から「べん毛」の運動メカニズムを追っており、いつも部屋に籠もりきりで勉強を続けていた。その甲斐あってか、われわれの世代でいちばん早く教授(名古屋大学)になった。

厳正な寮会

わたしが寮会でもっとも強い印象を受けたのは、何といってもその手続き的な厳密さである。ウチノさんという上級生がいて、彼はとことん議事規則に精通していた。議長は寮長だが、議論が錯綜するとみながウチノさんの知恵を求め、彼の裁断に従って議事を進めることになる。開会と閉会の条件、陪席の許可、議案の提出、発言や討論の作法、修正動議の扱い、討論終結と議場閉鎖、評決の算定、一事不再議や重要案件の指定、そして議事録の取り扱いなど、やることなすことすべてが玄人はだしで、新入生は目を見張るばかりだった。話す中身は猫の餌やりとか靴箱の整頓とか、ごくたわいもないことなのだが、その手捌《てさば》きがとにかく見事だった。議事規則は会議の参加者すべてが遵守しなければならず、規則の前では上級生も下級生もない。意見をはっきり言うアメリカ人留学生らがいたので、日本人だけの論理も通用しない。自分の気にくわない案件でも、採決で通ればそれが全体の意思となって従わざるを得ない。会議とはこういうものかと、深く心に刻みつけられた。

近年は「ロバート議事規則」が準拠すべきお手本として知られるようになったが、わたしはその基本原則をあの寮会で体得することができた。これは後年、教授会の議長になった時にとても役立つことになる。ＩＣＵでは教授会の議長に選ばれると、議事運営細則の他に、あの分厚い『ロバート議事規則』を日本語と英語で読んでおくことが求められる。だが、どれだけ熱心に読んでも、実際の議場でそれを適切に運用できなければ意味がない。特に、賛否が伯仲して議場が緊迫するなかで、どの規則をどのように適用するかを迅速に判断することは難しい。だから本の知識ではなく肌感覚でそれを「体得」していることは、とても大事なのである。ボナエ・リテラエは、よい本を読むだけでは終わらない。頭から身体へと知が「受肉」しなければならないのである。

こういう役割の人を「パーラメンタリアン」Parliamentarian と呼ぶ。これを辞書で引くと「国会議員」や「議会派」などの訳語が出てくるが、そういう意味ではなく、議事規則に精通した専門家のことである。議長とは別にいて、議案への賛否とは無関係の立場から、議事運営の効率性と手続き的な正統性を担保する役割である。日本の国会審議を見ていると、質問は予告されたものだけ、答弁は官僚が書いたものを棒読みするだけ。再質問もなく議論は噛《か》み合わないまま時間切れで終わり。結論ははじめから決まっている。ウチノさんみたいな人がいれば、もう少し実のある議論ができるだろうと思う。

パトニー討論

ある集団が何かを決める際に会議をする、というのは、人類が太古の昔からもっていた自然な慣行ではない。「会議の精神」Sense of the Meeting の源流は、イギリス革命期のピューリタンにある、と論ずる人びとがある。神学校で修士論文の指導をしていただくことになる大木英夫先生は、早くからその連関を指摘していた一人だった。先生は、平等や人権といった近代民主主義の淵源《えんげん》が一六四七年の「パトニー討論」にある、というA・D・リンゼイの論考を参照していた。「パトニー討論」とは、第一次内戦で王党派を破った議会派が、国王の扱いをめぐる意見の内部対立を解消するために開いた会議である。この会議には、クロムウェルのような軍の首脳と、「バフ・コート」つまり着ていた兵服で呼ばれたような無名の兵士たちが同列に参加している。いわば「社長や重役」と「平社員」が対等に論じ合う会議だ、と大木先生は著書『ピューリタン』(中公新書)に書いている。わたしの経験で言えば、上級生と新入生が対等にわたり合う寮会、ということになろうか。

討論の一方は、「水平派」とか「平等派」とか訳される「レヴェラーズ」である。自由の闘士ジョン・リルバーンを中心としてロンドンの巷で結成された集団で、「レヴェラーズ」という呼び名もこのパトニー討論あたりから使われるようになった。彼らの主張は、要するに成年男子の普通選挙権である。イングランドにおける「最も貧しい者」と「最も大いなる者」は、ともに生得の権利をもっている。そうでなければ、命を賭して国のために戦っても、ただの「雇われ兵士」にすぎないことになってしまうだろう。このような自然権を根拠とする平等の主張は、必然的に王制や貴族院の廃止という要求につながってゆく。

他方、イングランド古来の権利からすると、国内に固定資産をもつものだけが利害関係をもつのだから、有産者だけが政治に参加すべきだ、という議論になる。レヴェラーズのように完全な政治的平等を求めれば、無産者が多い当時のイングランド社会には大きな混乱とアナーキーの危険が生じるだろう。そしてその空隙に乗じて、王党派が再び実権を握ることになるだろう。レヴェラーズの主張を聞いたクロムウェルら指導部は、そういう危機感を抱いた。この危機感は、短命に終わった共和政という実験の後に、王政復古となって現実化することになる。

結局、会議は結論に至ることもなく、軍内部の対立をあぶり出しただけに終わった。クロムウェルは、会議の参加者一人ひとりを通して神の言葉が語られ、やがてそこから集合的な「会議の意向」Sense of the Meetingが形成され析出されてゆくことを期待していた。しかし、溝は埋まらなかった。たとえ同じ目的を共有していても、その実現方法において意見が食い違うことはある。「会議の精神」という立像は、後のクエーカー集団のように、もう少し共通の土台があるところでだけ姿を現すのかもしれない。けっして譲ることのできない信念同士のぶつかり合いでは、静かに身を隠すばかりだろう。

戦後日本という文脈

大木先生も、パトニー討論に近代民主主義の源流を見るリンゼイに共感してはいるが、その評価についてはやや悲観的である。そこには、一九六八年という執筆当時の日本の政治状況も影を落としているだろう。「討論による合意形成」という理想論は、一方では世論操作による見せかけの一致、他方では統一意見なしの無政府状態、という二つの角《つの》の間を進まねばならない。革命期のレヴェラーズは、財産要件に代えて「人民協約への同意」という新しい共同体形成の原理を掲げていた。しかし、そんな難しい内容を理解して主体的に同意を表明する市民がどれだけいるだろうか。民主主義の原理だけで革命を遂行しようとするなら、構成員すべてがピューリタン的な「聖徒」にならねばならない。

それだけの資格要件を満たすことなく性急に民主主義を導入すれば、民主主義自身の手続きに則って民主主義が破壊され葬り去られることになるだろう。現代社会は、幾度となくその実態を見てきたではないか——『ピューリタン』はそう問いかけている。執筆から半世紀以上が経つ小著だが、残念ながらその問いは今も古びていない。

実は、この本にはもう少しきな臭い含意も透けて見える。「共和国」の理念である。共和政となったイングランドでは、処刑された王への追慕が急速に高まり、ほどなくして王政復古となる。その経緯を「戦後日本」という文脈で見つめていたのがこの本である。三島由紀夫が『英霊の聲』で「などてすめろぎは人間《ひと》となりたまいし」と嘆いたのが一九六六年、割腹自殺を遂げたのが七〇年。本書が出版されたのは、その間に挟まれた六八年である。

わたしが隣の神学大学から非常勤で出講された先生のピューリタニズム論を受講したのは、三島事件の余波がなお体感できた頃である。授業でも、彼の天皇観にしばしば言及があった。わたしが覚えているのは、「日本の国名は何か」という問いである。世界の国々を見回すと、たいていの国名には Kingdom か Republic という国制をあらわす言葉が入っていることがわかる。さて日本は。なぜ日本は。いつ日本は。

今なら懐《ふところ》に刺さるような重い問いかけだが、当時のわたしはそこまで政治的な関心が深くなかった。この本もよく読んだはずだが、手元に残されている一冊を見ると、それほど熱心に読み込んだ形跡がない。あの頃のわたしが求めていたのは、ひたすら神学の深みへと分け入ることだった。修士論文で扱ったのも、神学的集中を求めるスイスの神学者カール・バルトである。バルトの神学もまた、彼なりの政治的関与と不可分なのだが、そうだとしても、まずは神学がわからないと何もわからない、というのが当時のわたしの考えだった。

批判と建設

その後留学したアメリカではじめてピューリタニズムを専門に学ぶことになるが、そこでも関心をもっていたのは彼らの神学的な存在論と救済論のことばかりだった。それに、同じ「ピューリタン」といっても、わたしが取り上げたのはアメリカに渡ったピューリタンだった。

この区別を大木先生流に整理すると次のようになる。イングランド国教会体制のもとでピューリタンが改革を求めるとき、取り得る道は三つある。第一は「地下運動」である。これはエリザベス時代の対応で、地上では政治的に服従(コンフォーム)しつつ、地下で説教運動を続けるという折衷的な選択になる。第二は「国外脱出」つまり国内での改革に見切りをつけ、国外へ脱出して自分たちの新天地を建設する道、そして第三が「革命」である。第一の道は、アングリカニズム(英国教会主義)による弾圧が強まるにつれて困難になったので、結局残ったのは脱出か革命かという二者択一である。イングランドのピューリタンは革命を選び、それが大木先生の『ピューリタン』の主題になるのだが、わたしの興味は第二の道を取ってアメリカ大陸へ渡った人びとにあった。

大西洋の両岸では、同じピューリタンでも直面していた課題が大きく異なる。本国にとどまった人びとの課題は、既存の体制に異議を申し立て、これを改めてゆくことだった。国家や社会がすでに存在しているところで、教会がそれにどう対応するかである。しかし、脱出組の課題はまるで違う。長い航海の末に上陸した土地には、国家も社会もない。彼らは教会をつくるのと同時に、町をつくり制度をつくらねばならなかった。つまり、イギリスでは批判者だった彼らが、アメリカでは建設者になったのである。イギリスでは少数者だった彼らが、アメリカでは多数者になった。すると、そこに皮肉な逆転が生じる。迫害からの自由を求めて移住したはずなのに、自分たちで新しい社会を建設する段になると、今度はその自分たちが意見の違う少数者を迫害する側に回ってしまうのである。わたしは前著『不寛容論』でそれを「学生時代には全共闘で鳴らしていた人が、卒業して社会人となり、大企業の重役や政府の要職に就いたような状況」と説明した。

こういう違いのせいで、イギリス本国で進んでいたピューリタン革命の詳細は、わたしの関心からは少し遠いところにあり続けた。とはいえ、ピューリタニズムのアメリカ的な展開を理解するにも、本国の状況はよく知っていなければならない。十七世紀の人びとは、三千マイルの隔たりにもかかわらず、大西洋の向こう側で進行している革命の状況を注意深く観察して対応していたからである。

わたしも努めて十七世紀の人びとに倣《なら》うようにしているが、つい先日も自分の無知を思い知らされたばかりである。本国のピューリタン革命の挫折後、ニューイングランド植民地の特許状は名誉革命を経てようやく再交付されるが、そこに定められた公民資格には、ピューリタンの理念とはかけ離れた「四〇ポンド以上の土地財産保有者」という財産要件がつけられていた――と自分で書いた。だが、その由来までは調べなかった。この基準は、本国の公民資格そのものだったのだ。先述のパトニー討論を読み返してみて、議論の焦点となった「有産者」とはこのことだったのか、とはじめて気がついた次第である。

パロディの批判力

ちょっと硬い話になってしまったので、学部時代の寮生活のことをもう少しだけ書いておこう。寮にはそれぞれ性格があり、あだ名も独特だった。第一男子寮はアカデミック(自称)、第二男子寮はワイルド(他称では下品)、カナダハウス(カナダからの献金で建てられた)は個人主義。女子寮もそれぞれで、第一は「良妻賢母」、第二は「娼婦の館」、第三は「姥捨て山《うばすてやま》」、第四は、すみません忘れました。念のため断っておくが、実態を反映させた名称ではない。由来も不明だが、寮生本人たちはそれらを楽しんで使っていた。それぞれの寮には、「ジュピター」「シリウス」「スピカ」など星の名前もつけられていた。

寮ごとの歌と踊りも決まっていた。栄《は》えあるわが第一男子寮は、「エイトマン踊り」である。寮対抗の行事があるたびに、全員で「♪光る海、光る大空、ひーかーる大地」と歌いながら踊ったので、今でもちゃんと身体が覚えている。歌うというより、怒鳴るといったほうがいいか。第二男子寮は「♪ギンギンギラギラ、夕日が沈む」で、その名に恥じぬ下品な踊りである(とわれわれはこき下ろした)。第二の卒業生が集まれば、きっと年甲斐もなく今でも踊っていることだろう。

新入寮生には「イニシエーション」があった。毎年男女各寮のテーマがあり、趣向を凝らした衣装で新学期の二週間を過ごすので、授業でも食堂でも、誰がどこの寮生だということが大学全体で否応なく印象づけられてしまう。では、第一男子寮のイニシエーションは何だったか。「ビューティコンテスト」である。四月末のある日、新入生全員が女装して全学向けにコンテストを行なうのである。衣装や化粧などは、女子寮が総出で助けてくれる。一位から三位までの他に、「ブルーリボン賞」というのもあって、これは脚線美に与えられる賞だった。息をのむほど華麗に変身を遂げる者もあるが、なかには筋骨隆々のラグビー部員やお相撲さん体格の人もいて、煮ても焼いても変身は無理そうだった。そういう人は何となく最近のドラァグ・クイーンのようになり、それがまた大喝采で特別賞を獲ったりするのだった。ちなみにわたしは三位で、入賞者は先輩にエスコートされて新宿駅まで電車で往復する、というのが決まりである。しかたなくわたしも、決死の思いで胸をどきどきさせながら乗車した。ところが、それなりに変身できていたせいか、周りの乗客は誰も気づかない。ちょっと拍子抜けしたことを覚えている。

国際基督教大学の寮は、その後もキャンパスライフの重要な構成要素の一つであり続けている。リベラルアーツは全人教育である。ここに暴露したわたしの経験に教育的なところはちっともないけれど、女性として見られ外見を値踏みされる側に身を置くのは、案外大事な経験だったかもしれない。少なくとも、「パロディ」として当時の社会通念を転覆させ笑い飛ばす力はあったと思う。やがて第一と第二は老朽化して取り壊され、あの奇妙なお祭りも昔話になった。跡地には、わたしが学務副学長を務めた時代に新しい寮がいくつか建てられ、寮に住む学生の数も格段に増えた。形は違えど、きっと今後もいろいろな学生寮の伝統が創造され継承されてゆくことだろう。

なお、これも念のため付け加えておくが、国際基督教大学には他大学でよくある「ミスコン」はない。昔から一度もやったことはないし、今後もやらないだろう。そんな催しを許さない学生たちの基本感覚を、大学は誇りに思っている。

III

エドワーズ幻の稀覯本

遍歴する神学

12　日本発の世界的神学――北森嘉蔵『神の痛みの神学』

著書が著者を作る

本節では、世界でもっともよく読まれた日本の神学書のことを書いておこう（いいえ、わたしの本ではありません）。北森嘉蔵《きたもりかぞう》著『神の痛みの神学』である。わたしはこの本を、読んだというより聞いた。実際に読んでもいるはずだが、学生時代の記憶はほとんどない。代わりによく覚えているのは、晩年の著者が教室で語ってくれた彼自身の神学的な道程である。その後二十年以上も経ってから、わたしはアメリカの大学でこの本を授業に取り上げ、はじめて本気で読み直すことになるのだが、そこでようやく気がついたことがある。それは、この本に書かれた内容が著者の辿った人生にぴたりと雁行《がんこう》している、ということだった。

ただし、著者がこれを書いたのは二十歳そこそこの頃である。老境に達した人が自分の人生を振返って書いた、という本ならいくらもあるだろう。だがこれは、若き日に書かれた本が、あたかもその後の人生の台本であるかのように現実となって展開していった、という逆の順序なのである。教室で静かに教義学を講じていた晩年の著者は、本書の内容をそのまま材料にして話していたわけではない。しかしその語り口には、彼が思いもかけずに遭遇し担わざるを得なかった困難な出来事の経験がいつも通奏低音のように聞こえていた。神学という学問は、やはりどこかで人間の実存と深く切り結ぶことなくしては語られ得ないのだろう。

もしかすると、何の専門でも、人が自分の心血を注いで書き上げた本というものは、人生のいつの段階で書かれようとも、それ自身の生命と意思をもち、書いた本人を規定し拘束し操ってその人生に自己を実現させてしまう力をもっているのかもしれない。ちょっと怖い話だが、この本にはそう考えさせるような因果が籠もっている。以下は、同書の英訳が再版された折に寄せたわたしのささやかな序文の一部である(*Theology of the Pain of God*, 2005)。

世界に誇る日本の神学

『神の痛みの神学』は終戦直後の一九四六年に出版されたが、一九六五年の英語版を皮切りに、ドイツ語版、スペイン語版、イタリア語版、韓国語版へと翻訳され、カール・マイケルソン、ユルゲン・モルトマン、カール・ラーナー、ハンス・キュンク、エバハルト・ユンゲル、アリスター・マクグラスといった名だたる神学者が次々に取り上げて論じるようになった。その後も今日に至るまで、同書はプロテスタント・カトリックを問わずよく参照されている。これほど世界的な影響力をもった日本発の神学書は他にない。

なぜそんなに大きなインパクトがあったのか。それは何といっても、同書が近代西洋の神学を十分に咀嚼した上で、その中核にある神観や三位一体論に大胆かつ本質的な見直しを迫っているからである。しかもその着想は、日本の伝統芸能から得られている。西洋由来のものにちょっとした「和のテイスト」を加えるのは最近の流行のようだが、北森の貢献は小手先の装飾ではない。同書は、聖書の神理解がギリシア的な存在論の下で抽象化されてしまったことを批判する。ルターはその回復を目指したが、宗教改革者の意図を継承しつつも、さらにそれを世界の苦しみに共感する現代神学へと生まれ変わらせたのがこの本である。

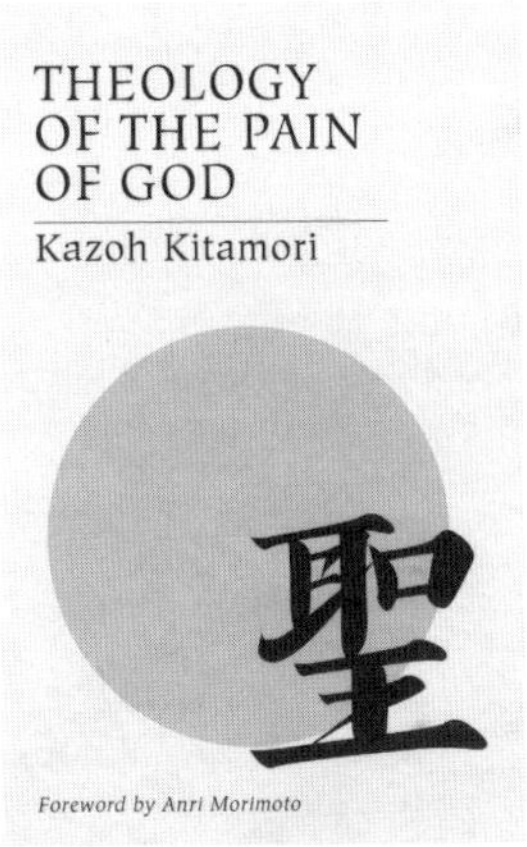

英訳版『神の痛みの神学』
(Wipf and Stock, 2005)

北森によれば、聖書の神は一貫して「痛みの神」である。神は、ご自分の傷をもって人間の傷を癒やす。旧約聖書の「エレミヤ書」では、神は背信のイスラエルに対して「我が腸《はらわた》かれの為に痛む」(31章20節、文語訳)と語る。それは、新約聖書で神の子イエスが罪人のために十字架上の死を遂げるのと同じ構造である。他にも聖書には、不貞をはたらいた妻をなおも愛して受け入れる夫、放蕩《ほうとう》息子を愛し続けてその帰還を喜び迎える父、といった譬《たと》えが繰り返し出てくる。神は痛む。なぜなら神は愛するからだ。愛さないなら、痛みはない。この痛みにおける神の愛が、聖書宗教の中心的なメッセージである。

ところが、キリスト教神学はギリシア哲学の影響でヘレニズム化してしまった。アリストテレスの神は、「苦しまない神」theos apathes である。神は、定義からして完全で不変で永遠である。だから神が苦しんだり傷ついたりするなどということはあり得ない。初代教会の三位一体論は、神がどのような「本質」ousia, substantiaを有するか、という議論に終始した。この「本質」という概念ほど聖書の神から遠く隔たったものはない、と北森は書いている。神は存在からではなく、行為から考えられねばならない。聖書の証言する神は、「不動の動者」として静的に存在する神ではなく、生きて決断し歴史において行為する神である。三位一体論という教義の中心問題は、父なる神と子なる神との関係だが、父と子は単に存在するだけではなく、「愛する子を十字架において死なしめる父」という行為の深みにおいてこそ理解されねばならない。

ルターは、このような神の愛を動的に理解する「十字架の神学」を前面に打ち出して神学のヘレニズム化を是正した。しかし、ヘーゲル以降の近代神学は再び思弁的になる。それを今やまったく新たな着想から聖書的なダイナミズムへと生き返らせるのが、『神の痛みの神学』なのである。

かたじけなき恩寵

では、その北森の立脚点はどこか。何とそれは、人形浄瑠璃や歌舞伎である。思想や理論ではなく、庶民の娯楽として日本人の心に深く浸透している大衆芸能である。とりわけその消息を端的に示すものとして彼が挙げるのは、「寺子屋」における松王丸《まつおうまる》の一言「女房喜べ、倅《せがれ》は御役に立ったぞ」である。

……といってすぐに「ああ、あれか」と合点のゆく人は、そう多くないだろう。わたしもまったく不案内だったので、念のために筋書きを記しておくと、こんな具合である。「寺子屋」は、もともと浄瑠璃の『菅原伝授手習鑑《すがわらでんじゅてならいかがみ》』の一幕で、藤原時平の讒言《ざんげん》により菅原道真が左遷されたことが時代背景になっている。道真の弟子源蔵は、自身で営む寺子屋に主君の息子（菅秀才）を匿《かくま》っていたが、それが敵方に知られるところとなり、秀才の首を差し出せと迫られる。源蔵は寺子屋に来ている子の一人を身代わりにしようと考えるが、どの子も田舎育ちで、すぐに見破られてしまいそうである。ちょうどそこへ、一人の母が子（小太郎）を入門させたいと連れてくる。いかにも育ちのよい子だったので、源蔵はその子を身代わりと定めて首を刎《は》ね、桶に入れて差し出す。首実検に来たのは、秀才の顔を知っている松王丸である。彼は首桶をのぞき込んで「間違いない」と帰って行く。やがて母が子を迎えに来たので、源蔵はその母をも始末してしまおうとするが、そこへ首実検をした松王丸が戻ってきて、件《くだん》の台詞「女房喜べ、倅は御役に立ったぞ」と告げるのである。小太郎は、松王丸の一人息子だった。夫婦は主君の苦境を知ってわが子を身代わりに差し出したのである。松王丸がのぞき込んだ首桶には、菅秀才ではなく我が子である小太郎の首が入っていた――。

おそらく北森自身もこのような舞台を何度となく観てきたのだろう。他者を愛して生かすために、自己を苦しめ、愛する子を死なしめる。その苦しみを相手に悟らせまいと、ひたすら内に抑えて耐えようとするが、耐えきれずにその隙からどうしても嗚咽《おえつ》が洩れてしまう。その慟哭《どうこく》の声を聞いて、「日本の民は滂沱《ぼうだ》として涙を流す」というのである。

日本の悲劇は「つらさ」の悲劇である。シェイクスピアの悲劇には、苦しさや悲しさはあっても、つらさはない。このつらさが、自身のひとり子を十字架の死に至らしめる神の愛と共鳴する、と北森は書いている。美学者の今道友信も、北森との対談で「間柄の悲劇」としての「つらさ」に触れ、日本の神学がヨーロッパに向けて「新しい実り」を提示していることを喜んでいる。また、加賀乙彦の小説『宣告』では、主人公の死刑囚が本書『神の痛みの神学』を繰り返し読んで日を過ごし、「苦しみのない愛はない」という真理を綴っている。神の愛は、愛するがゆえの「つらさ」に貫かれた愛である。包み難きを包み、許し難きを許す愛である。

欧米の反応

神学史的には、この先に初代教会以来問われてきた「父神受苦説」Patripassianism の危険が伏在しており、欧米の書評ではしばしばその点に批判が向けられてきた。北森自身も、第五版(一九五八年)の序文でその疑義に反駁を加えている。その反駁が成功しているかどうかは、ここでは措いておこう。『神の痛みの神学』は、その後も版を重ねるたびに新しい序文が付け加えられてゆく。そのスタイルは、明らかに当時もっとも影響力のあった神学者カール・バルトの著作を意識しているだろう。バルトの『ローマ書』もまた、版を重ねるたびに付け加えられてゆく序文の意義が大きかったからである。

わたしはこの北森の神学を、アメリカの授業で二回取り上げた。最初にプリンストンで扱った時は学生の食いつきが非常によかったが、二度目にバークレーで取り上げた時はそうならなかった。間に挟まれた数年の変化もあろうし、伝統的な東海岸と開放的な西海岸という違いもあろう。バークレーでは、特にフェミニスト神学からの問いかけが強く感じられた。「寺子屋」のストーリーは、滅私奉公の封建社会を前提にしているので、現代の倫理感覚とはかなり隔たったものになってしまっている。おそらくそれは、日本でも同じだろう。主君のためにわが子を犠牲にするなんて、視点を変えればまさに家庭内虐待の極致ではないか。子どもの人権はどこへ行ってしまったのか——このような残虐行為を美徳として語り継ぐことは、キリスト教であってもなくても、日本でも海外でも、これからの学生にはなかなか受け入れてもらえそうにない。

だが、どちらの授業でも、学生たちをさらに驚かせ不思議に思わせたことがある。それは、これほど世界に知られた日本の代表的な神学者が、母国ではほとんど顧みられず、論じられることも稀だった、という事実である。この不思議な事実を説明するには、北森がみずから辿ってきた日本のキリスト教史を短く振り返る必要がある。

熊本から世界へ

北森嘉蔵は、一九一六年熊本市の生まれである。旧制第五高等学校の在学中に、ドイツ留学から帰国したばかりの佐藤繁彦に出会い、感化されて洗礼を受ける。そのまま当時熊本市内で開学したばかりの「路帖《ルーテル》神学校」に学び、三年後には京都帝国大学へ進んで哲学科を卒業する。彼の世界的名著『神の痛みの神学』は、出版こそ戦後すぐの一九四六年だが、その骨子はすでに京大に入学する前の神学校卒業論文(一九三八年)に出来上がっていた。著者二二歳の時である。ちなみにこの手書き論文は、著者が没する前年に東京神学大学へ寄贈されている。

原論文からは、著者がどのような資料をもとに神学的思惟を構築していったかが垣間見える。この年代のことだから、その後全十二巻へと膨張するバルトの『教会教義学』はまだ最初の一巻(プロレゴメナ)しか出ていない。他にハルナック、ヘルマン、リッチュル、アルトハウス、ニーグレンなど、著者の授業を受けた者にはなつかしい名前がずらりと並んでいる。驚くべきは、これらの資料がどのように扱われているかである。弱冠二二歳の著者は、それらドイツの神学者たちに学びつつ自分の神学を形成したのではない。彼は、すでに揺るぎなく自分の内に確立した神学をもって、それらの神学者を縦横無尽に論断しているのである。デニーやラシュドールの贖罪論も一刀両断である。日本の神学がヨーロッパの神学をあれこれと紹介したり吸収したりしていた時代に、北森はすでに自己の神学を確立させ、さらにその先を見ていた。

そうであればあるほど、戦後日本の神学界に占める彼の位置は不可解である。やがて彼は東京へ移り、東京神学大学の前身である日本東部神学校で教え始めるとともに、日本基督教団千歳船橋教会の牧師となり、長く教えてそのまま晩年を迎える。東京神学大学では、最長老になった後も、彼はけっして学内の主流派になることがなかった。もともと教授たちの数が少ないので、学長職はほぼ年齢順に輪番で担当するのだが、それも彼には無縁だった。わたしが学生だった頃のある学長は、「神が痛むなんて、そんなバカな話があるか」と、はじめから一蹴する姿勢だった。

おそらく、先の戦争の記憶がなお鮮明だった当時には、日本の過去からそのような材料を取り出して美化すること自体が不適切に感じられたのではないかと思う。「ナザレから、なんのよいものが出ようか」(「ヨハネによる福音書」1章46節)。戦前の日本によいものなどあり得ない、というのが当時の一般的な反応である。それに、「包み難きを包む」という神の愛の表現は、戦後すぐの日本人には、どうしても「堪へ難キヲ堪へ、忍ヒ難キヲ忍ヒ」という玉音放送の一節を思い起こさせてしまう。

そもそも「滂沱の涙」なんて、いかにも浪花節《なにわぶし》風の感傷主義ではないか。日本国民が勝手なセンチメンタリズムに浸るのは結構だが、その日本がアジアの数限りない人びとに流させた涙のことを考えたことがあるのか——そう批判されれば、答える言葉が見つからない。そんな雰囲気だった。

ルター派の神学者として

北森が主流派にならなかった理由は他にもある。「ルター派」という彼の出自と自覚である。明治キリスト教の出発点に「横浜バンド」「熊本バンド」「札幌バンド」という三つの源流があったことはよく知られている。このうち、横浜バンドは植村正久らの「長老派」が主体で、後の東京神学大学へと流れ込む。熊本バンドはほどなくして京都へ移り、同志社を創立した新島襄らの影響で「会衆派」(別名「組合派」)となった。三つめの札幌バンドは、内村鑑三や新渡戸稲造の経歴からもわかるように、教会形態としては独立志向である。

ただし、これら三つはいずれも大括りに見ると「改革派」、つまりカルヴァンに始まる系列である。そして、プロテスタント教会にはもう一つ別の流れがある。それがルター派である。宗教改革の原点は何といってもルターなので、ヨーロッパ大陸ではむしろこちらのほうが早くて主流だった。明治日本に改革派が目立つのは、ピューリタニズムを含む改革派が主流だったアメリカから多くの宣教師が来たからである。その後ルター派の宣教も始まったが、今回取り上げている北森嘉蔵は、その少数派の「ルーテル教会」に属していた。これは、たまたま熊本で彼に感化を及ぼした佐藤繁彦がルター研究者だったことによる。

やがて日本は戦争の時代を迎え、戦時政府の強い要請により大同団結のプロテスタント教会「日本基督教団」ができる。このことはすでに書いた通りである。そこでは改革派もルター派もなく、YMCAから救世軍まで、「キリスト教」と名のつくものなら何でもかんでも一緒くたにされた。だから戦争が終わると、一緒にいる理由のなくなった諸教派・諸団体はさっさと独立していった。改革派や組合派やメソジスト派は残ったが、バプテストやホーリネスやアッセンブリーズは、自分たちの教団を再結成して戦後の独立と自由を祝ったのである。ルター派も同様だった。ただ、独立する・しないの決断は教派ごとではなく、それぞれ個別の教会に委ねられたので、一部にはそのまま残ることを決めた教会もあった。だから日本基督教団は今もさまざまな伝統を内包している。

ところが、教会というのは理屈屋が多いところで、その伝統の混在ぶりを潔しとしない人びとがいる。教会はただの仲良しクラブではない。そりゃそうだろう。だから、新生成った日本基督教団も、きちんとみずからの信仰告白を制定しなければならない。それもその通りだ。だが、もともとそんなつもりで出来上がった集団ではなかったので、現実と理念の間にどうしても矛盾が生じる。その無理な建築の課題を引き受けたのが、ルター派でありつつも日本基督教団に残留した若き神学者の北森嘉蔵である。

『神の痛みの神学』は、まだ世界の注目を集める前だったが、国内では公刊されていた。教団の神学的な助言者だった彼は、「包み難きを包む」という原理を最大限に応用して、本来は包み得ないはずの多様な伝統を一つにまとめる役割を果たした。教団はその後も事あるごとに内部分裂の危機を迎えるが、北森はこのプロテスタント最大の教団を空中分解させることなく、どうにか一致した合同教会であり続けるための説明原理を提供したことになる。

孤高の教師

わたしは彼の講筵《こうえん》に列した最後の世代である。教室に来ると、彼は背筋を伸ばしたままやや斜めを向いてちょこんと椅子に腰をかけ、あたかも執筆中の自著を読み上げるかのように、整然とした文章をすらすらと紡ぎ出す。板書は縦書き。いつも糊のきいた真っ白なワイシャツにネクタイ、という端正な姿だった。私生活についてよく知られていたわけではないが、生涯独身だったので、身支度はすべて自分でしたはずである。朝食には明治の板チョコレートを毎日一枚食べる、という噂だった。ともかく「身ぎれいなお年寄り」という印象で、それがいっそう孤独感を漂わせた。

授業で扱われたのは初代教会の教義史だが、わたしがよく覚えているのは“Athanasius contra mundum”(世界に対峙《たいじ》するアタナシオス)という古《いにしえ》の格言である。アタナシオスは、三位一体論をめぐってアリウスと対立し、第一回ニカイア公会議で正統教義を確立させたアレクサンドリアの司教である。彼の生涯もまた、戦いの連続だった。何せ司教たちから皇帝に至るまで、周りはほとんどがアリウス派だったからである。アリウス派は公会議で決着がついた後も勢力をもち続け、アタナシオスは政争に巻き込まれて生涯に五回も追放処分に遭っている。まさに世界を相手に戦い続けた神学者で、その姿に北森は自分を重ねていたに違いない。三位一体論とは、一が三を包むという「包み難きを包む」神の愛の姿なのである。

大学紛争時代のエピソードも伝えられている。紛争はキリスト教系の諸大学でことに激しく、東京神学大学も例外ではなかった。安保闘争や学費値上げといった定番の火種の他に、同校は日本基督教団の認可神学校なので、日本基督教団が直面する問題はすなわち東京神学大学の問題になる。大阪万博へのキリスト教館出展をめぐる論争では、機動隊の導入もあった。ある日教団内で委員会が催されたときのこと、急進左派の吊し上げの中で北森教授はやはりアタナシオス的な役回りを引き受けることになる。議論が白熱したところで、激昂した過激派の一人がいきなり彼の横面を張り飛ばしたのだ。「神の痛み」は、ここで北森自身の痛みとなった。彼がその人を「包み難きを包む」愛で許したかどうかは、授業では聞かなかった。

13 近代啓蒙の爆裂――バルト『ローマ書』

悪の存在

学部と大学院でいちばんよく読んだのはカール・バルトである。これはちっとも特別なことではなく、昔の小学生が『ファーブル昆虫記』を読むのと同じくらいありきたりの選択だった。組織神学や教義学をやるにはバルト抜きでは到底できなかったし、東京神学大学では特にその風潮が強かったので、同志社や関西学院など関西方面の神学徒には今でもからかわれるほどである。

学部では、はじめ哲学専攻でアウグスティヌスかカントをやるつもりだったが、その後神学に転向し、卒業論文で取り上げたのはバルトの虚無論だった。問いの基本設定は「悪の問題」、つまり「なぜこの世に悪が存在するのか」である。それを古典的な定式で整理すると、だいたいこんなふうになる。神は世界を善なるものとして創造された。だが、この世には悪が存在する。もし神が、①全知で、②全能で、③愛に満ちているなら、人はどうして悪に悩まされるのか。

整合性を求めると、この三つの条件のどれかを諦めねばならない。①の全知を諦めれば、神は全能で愛に満ちているが、悪の出現を予測できなかった、ということになる。②の全能を諦めれば、神は全知で愛に満ちているが、悪の出来《しゅったい》を止めるだけの力がなかった、ということになる。③の愛を諦めれば、神は全知全能だが、愛がないので人間が苦しんでいても無関心で放っておくのだ、ということになる。いずれの選択肢も標準的な神理解と矛盾するので、それぞれ「全知」「全能」「愛」の定義づけや「悪」の意味などをめぐって議論が積み重ねられてゆくことになる。

バルトの『教会教義学』は当時まだ邦訳が進んでおらず、創造論の該当部分は英訳があるのみだった。ただ、国際基督教大学（ICU）の人文科は英語で卒論を書く決まりだったので、引用にはむしろ好都合だった。自分の書いた卒論を今読み返してみると、明らかにまだ手探り状態で問いの核心に踏み込めていないことがわかる。バルトの答えが「虚無」というマイナスの存在に相対的な独立性を認める方向だということは読み取ったようだが、それを受けて展開されるべき宗教哲学的な「神義論」「Theodicy」との折衝がまったくなされていない。まあ勉強の入り口がわかったくらいだろうか。人文学では、学部時代の卒論などほんの習作にすぎない。登山口にたどり着いているだけでも上出来ということにしておこう。

山寺に籠もる

毎年夏休みに入ると、ひと月ほど長野県佐久《さく》市のお寺（信豊庵《しんぽうあん》）に籠もって勉強した。これは、人文科で哲学を教えておられた岡野昌雄先生が主宰する数人の共同生活である。朝は六時に起きて村の子どもたちとラジオ体操をする。それから夜の九時まで、それぞれ小さな文机《ふづくえ》をあてがわれて読書と思索をするだけ。年齢も専門もばらばらだったが、すぐ隣で熱心に勉強している友がいるのは励みになる。食事は交替で自炊した。山の中腹にある破《や》れ寺をお借りしていたので、電灯は点《つ》くが冷蔵庫はない。当番になると、ちょっと坂を下ったところにある村の生協で食材を仕入れ、自分にできる簡単な料理を作った。哲学系が多かったので、豆腐を切るにも「カント切り」か「ヘーゲル切り」かで大いに盛り上がったことを覚えている。何のことはない、上からみてK型に切るのとH型に切るの違いだけである。ときどき村の子どもたちがやってきては、興味深そうに横文字の本を覗《のぞ》いてみたりちょっかいを出したりして、気を紛らわせてくれた。

そこでわたしが読み耽《ふけ》ったのがバルトである。カール・バルトは、スイス生まれの神学者で、二十世紀初頭のヨーロッパ知識人がみなそうであったように、はじめ彼も楽観的なリベラリズムから出発した。だが、一九一四年に第一次大戦が勃発し、ヴィルヘルム二世の開戦勅書を後述のハルナックが執筆したことを知るに及んで、それまでの学問的神学に深刻な疑問を抱くようになる。それは、彼が戦争を厭《いと》う平和主義者だったからではない。キリスト教の福音が文化や国家とあまりに一体化してしまっていることに気づいたからである。やがて彼はドイツで大学の神学教授となるが、ナチズムの興隆に反旗を翻す教会闘争を導き、ヒトラーへの宣誓を拒否してボン大学を罷免された。

わたしが最初に圧倒されたのは『ローマ書』である。同書は一九一九年に初版が出たが、全ヨーロッパを震撼させたのは一九二二年の第二版である。その文面には、まるで神を旧知の友人のように扱う自由主義神学への強烈な拒否感が表明されていた。当時の神学を一言で特徴付けると、「あつかましいなれなれしさ」ないし「宗教的な図々しさ」である。『ローマ書』は、ヨーロッパ全体を覆っていた近代の文化プロテスタンティズムに対する審判の宣告だった。人間性の延長にすぎないような神。大学の中だけで通用するような神学。文化や国家と一体化したキリスト教。そんなキリスト教が人びとの信頼を失うのは当然である。現世は炯眼《けいがん》である。教会が自ら任ずる聖性や優越性を見て、現世はすぐさまそれが自分の肉から出た肉、自分の骨から出た骨であることを見抜くだろう。そんなところに神はいまさない。神は神である。神は科学や哲学と競合しないし、平和主義にも有神論にも与《くみ》さない。そもそも「キリスト教的世界観」なんて存在しない。したがってそれは「無神論的世界観」と対立したりもしない。

知られざる神

後に「弁証法神学」と呼ばれるようになるこの神学が「ローマ人への手紙」という聖書の講解から始まった理由もここにある。当時の「学問的神学」といわれるものは、聖書の字句や背景の説明にばかり拘泥《こうでい》していた。バルトによれば、それは絵を前にして絵の具やカンバスを分析しただけで「鑑賞」したと思い込むことに等しい。われわれは、テクストの先へ、テクストが指し示しているザッへ(主題的事実)へと進まねばならない。

ではその「主題的な事実」とは何か。それは、「神は天にいまし、あなたは地におる」(「伝道の書」5章2節)ということだ。そして、天と地の間には「無限の質的差異」がある。聖書によれば、神は「知られない神」として知られている（「使徒行伝」17章23節）。「神」について何かを語ろうとする時、自分はそれについて何も知らない、ということから出発しなければ、何も語ったことにはならないのだ。神は、「未知の神」である。ヨーロッパ文明が雄弁に語り続けてきた神に向かって、バルトは「直接的可知性は偶像の特徴である」というキルケゴールの言葉を爆弾のように投げつけた。

だとすれば、神学などという学問はそもそも不可能ではないか。まさにその通り。神について語ることは「いささか甲高い声で人間について語ること」ではない。バルトは、神学の課題について次のように断言する。「われわれは、神学者として神について語らねばならない。しかしわれわれは人間であるから、神について語ることはできない。われわれは、この当為と不可能の両方を知り、それによって神に栄光を帰さねばならない」この然りと否の重畳が「弁証法」神学という呼称の由来である。神学は、ただ相反し矛盾する命題によってしか遂行することができない。

ただしこの当惑は、神学者だけのものではない。バルトは、チューリヒの教育学者ペスタロッチを引用しつつ語る。どんな教師であれ、真剣に子どもの前に立とうとする教師なら、同じように使命感と無力感との両方を感じるはずだ。もし神学が真実にその対象に向き合おうとするなら、この当惑の中で語るほかない。

だからバルトは、神学を「道標」に喩えて説明する。道標は「目的地まであと何キロ」と示すことによって、「自分はまだそこに到達していない」「行くべき目標地点はここではない」ということを示している。この欠如態こそ、パウロが「ローマ書」で語る信仰の特徴である。信仰とは、何かをもっていることではなく、自分が空っぽなのを知ることだ。つまり自分が所有していないことを知ることだ。だからこそ「信ずる者のみが救われる」のだ。コップに水を注ぎ入れることができるのは、コップが空のときだけだから。

ハルナックとの対決

バルトのような神学者が現れて俄《にわか》に脚光を浴びるようになれば、伝統的な神学者たちが黙っているはずはない。『ローマ書』第二版が公刊されたすぐ翌年、ハルナックは「学問的神学を軽蔑する人々へ」という題の公開質問状を神学雑誌に掲載する。アドルフ・フォン・ハルナックは、世界に冠たるベルリン大学の教授、プロイセン学術アカデミー総裁、国立図書館館長、カイザー・ヴィルヘルム学術振興協会（現在のマックス・プランク学術振興協会）総裁などを務めた神学者である。要するに、ドイツの知的権威そのものであり、ひいては当時の学問全体を代表する人物だ。かたやバルトは、弱冠三七歳の無名の田舎牧師。かつてベルリン大学で、ハルナック自身の講義を聴いた学生でもあった。両者は数回にわたり公開書簡を往復させたが、そのやりとりをわたしが勝手に脚色してまとめると、だいたいこんな会話になる。

ハルナック（H）　バルト君、君はわれわれが何世紀にもわたって積み重ねてきた学問としての神学を軽蔑しているようだね。

バルト（B）　敬愛するハルナック先生、いいえそんなことはありません。ただ、学問には対象にふさわしい方法があります。あなたは神学の対象たる神を、他の何かと取り違えておいでです。あなたの学問は、「方法」が「内容」に合っていません。

H　わたしの神学が学問的でないと言うのか。では君の言う学問の内容とは何かね。

B　神学の主題は、客観的で歴史的な研究が終わったところで始まります。あなたの学問には、客体が主体に先だって存在している、という認識が欠けています。

H　君は神学を「主観的な神経験」に還元してしまっている。君の語ろうとしているそのキリストが、たんに夢の中につくりだされた、まやかしのキリストではないということが、どうしてわかるのだ。それを確かめるのが学問研究ではないのかね。

B　「神体験」など人間の夢想の産物と同じです。あなたの言うとおり、それを「放恣な狂信」と区別することはできません。だから客観的で歴史的な批判は必要です。でもそれは、われわれを入り口まで連れて行ってくれるだけです。

H　君はキリスト教に根ざした西洋文化を否定するのか。

B　「キリスト教文化」などというものは、そもそも偽物です。福音は、文化に対しても、野蛮に対しても、まったく等距離にあります。神と人間の無限の距離からすれば、キリスト教文化もそうでない文化も、どんぐりの背比べ、誤差の範囲内でしかありません。だから「キリスト教国」もなければ「非キリスト教国」もありません。

H　そんなことを言ったら、無神論がはびこってしまうではないか。

B　「無神論を防ぐ」などという文化の課題は、聖書の福音とまったく無関係です。キリスト教は世界観ではありません。したがって無神論と競合も対立もしません。初代のキリスト教徒たちは、無神論者と呼ばれました。人びとの既知の神を否定したからです。

H　君が何と言おうと、キリスト教は有神論だ。

B　いいえ。キリスト教は神一般を肯定する有神論とも無関係です。そもそも「宗教」はすべて不信仰です。人間が神を求めるからです。そして、キリスト教こそ最大の宗教であり、最大の不信仰です。

H　君は人類の進歩と道徳の精神を侮辱している。聖書は「隣人愛」を教えているではないか。

B　啓示なしに、われわれはどうやって「隣人」を知り得るのでしょうか。知っていても、あえて無視するのが人間です。「では、わたしの隣り人とはだれのことですか」(「ルカによる福音書」10章29節)

H　君のように理性を軽視すると、廃墟の上にオカルト主義やグノーシス神秘学が生ずるぞ。

B　あなたのように福音を軽視すると、やがて壮大なドイツ文化の上にナチズムが栄えるばかりです。

H　近代の学問的神学以外に神学はない。

B　では、パウロやルターは神学者ではなかったのでしょうか。

H　パウロとルターは、学問的神学の主体ではなく客体である。
B　違います。われわれはパウロやルター「を」学ぶのではなく、彼らと「並んで」学ぶのです。

老ハルナックはついに、この新しい神学者が語ることを理解できなかった。亡くなる前年に彼はこう述懐している。「自分が生きている時代に、自分がそれをとらえるアンテナをまったく持ち合わせていないような思想が現れるとは、考えもしなかった」

その先鋭なとんがり具合に、福音と文化をザッパリと切り離すその刀の切れ味に、わたしは心底痺《しび》れた。わたしにとって、信仰とは反逆である。自分を取り巻く世界に唯々諾々と従うのをよしとしない、という固い決意である。バルトは、この人間の世界と文化の全体に否を突きつけ、西洋の学問をまるごと葬り去る力業を見せてくれた。そういう力がなければ、そもそも神学の名には値しない。もしわれわれがこれを理解できないとしたら、それはわれわれの頭の中身がいまだにハルナック並みだからだ。

ネパールでの衝撃

国際基督教大学はリベラルアーツ一学部なので、卒業時には誰もがどの分野でも「学士（教養）」という学位をもらう。わたしは隣の東京神学大学に進学したが、大学院に入学するにはおそらく「学士（神学）」の学位が必要だったはずである。他大学から来た者は、普通は学部三年に編入して二年、さらに大学院で二年、都合四年間勉強するのが決まりだった。ところが、わたしの「教養学士」の中身は十分に神学だったし、語学もフランス語とドイツ語は授業で取り、ギリシア語とヘブライ語は教科書で自習していたので、それで十分ということになったのだろう。はじめから大学院に入学し、ただし二年でなく三年在籍する、という取り決めになった。

実は、わたしは学部の卒業式にも大学院の入学式にも出席していない。日本にいなかったからである。学部と大学院の間の春、わたしは日本キリスト教協議会が主催するワークキャンプでネパールへ出かけていた。全国の大学から集まった六人が二手に分かれ、われわれ三人が行ったのは、カトマンズからバスで一日、そこからさらに三日歩き続けた山の中である。今よりさらに貧しい時代のネパールで、村の暮らしにはまったくゆとりがなかった。小グループに分かれたのも村に余分な負担をかけないためで、われわれは自分たちの食べる米を背負って村に入ったほどである。仕事は上水タンクとトイレの整備である。そこで四十日ほど、慣れない石割りと石積みの作業を続けた。

わたしたちが寝泊まりしたのは村長さんの家だったが、その家には牛飼いの少年が出入りしていた。朝まだ暗いうちから牛を追って野へ導き、夕べには連れて帰る。藤城清治の影絵みたいに大きな瞳をした彼は、おそらく小学校に上がるくらいの年齢だが、学校には行っていない。これからも行かないだろう。日本の子どものように、小学校から中学へ、高校を終えたら大学へ、そして成人したら自分の選ぶ職業へ、などという変化や選択の可能性は、彼にははじめから存在しない。昨日も今日も明日も、世界は永遠から永遠にわたって同じように繰り返す毎日で構成されている。といって、それが不幸というわけではない。あの村という世界の中で、それは十分に完結し充足しており、晴朗かつ透明で、宇宙と調和しており、維持可能だった。カースト社会の冷厳な現実を嘆くこともできるだろう。だが、あの少年の生がわたしに突きつけたのは、それとはどこか次元の違う問いだった。「変化」や「進歩」を当然のように考えていたわたしにとり、この出会いは自分の世界観を根本から問い直される衝撃の経験だった。

そしてわたしは帰国し、神学校での学びを始めた。あれからもう五十年近くになる。その後あの少年はどんな人生を送ったのだろうか。

「名」と「概念」の違い

修士論文で取り上げたのは、バルトのアンセルムス研究である。バルト本人も、それが自分の神学方法論の鍵だと言っているのだが、実際にそれがどういう意味で鍵となったのかは、さほど明らかではなかった。それを探りたいと思ったのである。バルトが自分の神学を書き始めるにあたって対話を重ねたテクストは、十一世紀の神学者アンセルムスが書いた「神の存在証明」だった。

神の存在証明などというと、一部の読者にはそれだけで怪しい話に聞こえてしまうことだろう。だがそれは、「証明」という言葉の意味が誤解されているからだ。アンセルムスは、信じない者に向かって神の存在を証明し、「だから信ぜよ」などと迫っているわけではない。この修道士は、自分の信じていることを正しく理解したいと願った。だから彼は、これからその存在を証明しようとしている神に向かって、まず祈っているのである。「えー神さま、わたしはこれからあなたの存在を証明しようと思います。ついては、うまくできますように、わたしの貧しい知性を導き照らしてください。ではどうぞよろしく」――神の存在は、はじめから信じられ、前提されている。ではなぜそれをあえて証明しようとするのか。信仰は知解を求める fides quaerens intellectum からである。信仰で理解したことを、知性でも理解したいからである。

証明の行程はごく短いもので、その出発点は「それより偉大なものが何も考えられ得ない何か」という神の名である。後代の批評家たちは、これを神の本質の一表現と理解し、本質から存在を分析的に導き出している、とアンセルムスを批判した。そこに、バルトの固有な読み直しがある。これは「概念」ではなく「名」だ、というのである。「概念」Begriff はこちらが相手を摑み取る greifen ことで知るが、「名」は相手が自分から教えてくれない限りわからない。ある人を見てその姿形を描写することはできるが、どんなに外から観察しても、その人の名を知ることはできない。名は、本人が秘密を打ち明ける自己開示によってだけ知られるのである。それが「啓示」だ。この扉は、内側からしか開かない。だからアンセルムスは祈ったのである。神がご自身を顕《あらわ》してくださらなければ、神を見いだすことはできないからだ。人間の神認識は、神の行為である。

もう一点。アンセルムスが証明を試みているのは、「神の」存在である。同時代の修道士ガウニロは「失われた完全な島」の譬《たと》えを、後のカントは「想像上の百ターレル」の譬えを使ってアンセルムスを揶揄《やゆ》したが、これらの譬えは神の存在が人間や他の事物と同じような存在であったなら有効だったろう。だが、アンセルムスは言う。神以外の一般的存在はすべて非存在と考えるcogitareことはできるが、神を非存在と考えるintelligereことはできない。それは、三角形を考えながらその内角の和が二直角でないものを考えることができないのと同じである。これが、第8節で触れた「偶然的存在」と「必然的存在」の違いだ。世界の存在は偶然だが、神の存在は必然である。だから世界の存在は証明できない。存在の証明をすることができるのは、ただ神だけなのである。バルトはここに自分の神学の方法的な立脚点を見いだした。カトリック的な「存在の類比」を徹底して排除し、この世と神との絶対的な隔絶をうやむやにしない神学である。然り。われわれが神を求めて神を知ることはできない。だが、神がご自分をわれわれに開示することはできる。

一年後、この修士論文はわたしの人生で最初に出版された学術論文になった。

理系学生と先進国

ネパールの暮らしでもう一つ書いておかねばならないことがある。毎日一緒に働いた村人たちは、わたしが大学生だと知って、大学で何を勉強しているのか、と尋ねてきた。わたしは「ピロソピ」と答えるのだが、それがどうしても伝わらない(ネパール語にfの発音はない)。「リタラチャ」や「ヒストリ」などの近接語も試してみたが、どれも通じなかった。彼らが知っている学問は「エンジニアリング」「メディシン」「アグリカルチャ」で、しまいには「ランドサーベイ」まで出てきたが、人文学や社会科学に関係する言葉はついに出てこなかった。ネパールには豊かな精神文化の伝統があり、その歴史は日本よりはるかに長い。だが、村人にとってそれは大学で学ぶものではない。わざわざ金と時間をかけて大学に行くのなら、日ごとの暮らしを向上させるのに直接役に立つ科学や技術を学びたい、と思うのは当然のことだろう。

最近の日本では、中央教育審議会や教育未来創造会議が「理系学生の割合を五割に増やす」という目標を掲げている。理系学生の比率が多いことが先進国の徴《しるし》なのだそうだ。もしそうだとすれば、半世紀前のネパールは世界でもっとも進んだ国の一つだったはずである。

14 「わたしのお母さん世界一よ」
——トレルチ『キリスト教の絶対性と宗教史』

最初の赴任地

バルトの影響は圧倒的だった。だが、その後神学校を卒業し、四国松山の教会に赴任してしばらくすると、次第にその神学が自分の目の前にある現実とうまくかみ合っていないのではないか、と疑問を抱くようになる。今回はそのことを書こうと思うのだが、「そもそも牧師さんって、いったいどうやって教会に就職するの」という読者も多いと思われるので、先にそのあたりの事情を紹介しておきたい。

牧師の赴任先は教派によっては司教などの上長が決めることもあるが、各神学校には卒業生たちを求めて教会からの依頼が集まるので、だいたいは学長がそのマッチングをすることになる。卒業が近づいて希望を聞かれたわたしは、「よい訓練を受けられるところ」とお願いした。それで紹介されたのが松山城東教会である。紹介された後は、まず本人と教会との間でお見合いをし、お互いの意志を確認して、合意すれば教会が招聘状を送り、牧師がそれを受諾する。

え、四国ですか。生まれて初めて行くところで、わたしも妻も知り合いは誰もいなかった。教会のほうでもそういうわたしたちを気遣い、手厚く迎え入れてくれた。松山は気候が温暖で、魚はおいしい、果物もおいしい、お酒もおいしい。ちょうどお花見の季節で、城山での歓迎会では昼間から結構なお酒が振る舞われたことを覚えている。教会は道後温泉から歩いて十分ほどの住宅街にあり、その後、椿の湯には足繁く通うことになった。まだ道後に動物園があった時代である。生まれたばかりの子どもを連れてのどかな時間を過ごせる場所だったが、やがて動物園は郊外の砥部《とべ》に引っ越してしまった。

その松山城東教会を戦後すぐに興したのが、主任牧師の岡田美須子先生である。高倉徳太郎の高弟(高妹?)の一人で、わたしが赴任した時すでに七九歳だったが、牧師として深い信念と経験をもつ尊敬できる先生だった。後に東京でこの先生のお名前を出すと、「ああ、あのお綺麗な先生」と言われたものだが、たしかに往時はそう思われたことだろう。他方、アメリカでこの話をすると、「その婦人はいつ按手《あんしゅ》を受けたのか」と訊かれる。戦後すぐのアメリカでは、女性が主任牧師になることはまだまだ例外的だったのである。その問いに答えるたびに、わたしは日本の教会にちょっぴり鼻を高くしたものだった。

教会の礼拝には毎週五十人ほどが集まった。松山には明治期からの大きな教会がいくつかあるが、城東教会は中くらいの規模である。役員は八名で、創立期からしっかり者の自立婦人たちがずっと独り身の岡田牧師を支えてきた。愛媛大学の教授も三人いた。専門は英文学、生物学、電気工学。みなそれぞれに謹厳で、愛嬌があって、活発だった。他に、中高の先生、電器販売業、建築家、看板塗装業、医師、市役所職員など。オルガニストも教会学校教師も、ともかく多士済々で、わたしは初めての赴任地でまことによい訓練を受けることができた。林業を営む大地主もいた。ある時山の上の豪華な別荘へ連れられて行った時、わたしが「運転手さんがおっしゃってました」と言うと、「ホホホ、「おっしゃった」なんて……」とやんわり言葉遣いを正されたのを覚えている。

切り裂きバルト

新米牧師のわたしはあちこちで失敗ばかりしていたが、教会は全体として若いわたしを育てようとする気心に溢れていた。プロテスタントの牧師は、平日は祈禱《きとう》会や聖書研究会を開いたり教会員を訪問したりするが、何といっても大切なのは日曜の説教である。教会員も喜んで熱心に聴いてくれたので、週の後半はその準備にかかりきりだった。だから生活実感としては、学生時代とさほど変わらぬ勉強の日々になった。

わたしの頭の中は、いまだバルトに席巻されていた。岡田先生や近隣の牧師たちと一緒にバルトの勉強会もしていたから、自分ではそれが基本線でいいのだろうと安心していた。その頃、新しい牧師が着任したというので、地元の新聞から「ミニミニ説教」というコラムの執筆を依頼された。キリスト教だけでなく、仏教のお坊さんなど市内の関係者が順番に担当するコーナーである。一週間七日分。先日家の中で大騒ぎをしてようやくその切り抜きを探し出したのだが、読み返してみると、当時の自分がどんな話をしていたのか、痛いほどよくわかる。そのうちの一つを短く紹介しておこう。「ゆうかん　えひめ」に掲載された昭和五八（一九八三）年十一月二二日のコラムである。「たといわたしは飢えても、あなたに告げない、世界とその中に満ちるものとはわたしのものだからである。わたしは雄牛の肉を食べ、雄やぎの血を飲むだろうか」という聖書の言葉を引用した後で、こう続けている。

聖書の中に人間の宗教行為をこれほど辛辣に批判した言葉があることを、われわれは真剣に受け止めねばならない。ここには、人間の捧げる「そなえもの」が神の前に何らの価値をももたないことが嘲笑的に宣言されている。それらの祭儀によって神の好意を得ようとする試みを「宗教」と呼ぶならば、聖書の信仰は「宗教」とは何のかかわりもない。神はあくまでも神である。神を人間からの類推によっておしはかり、動かそうとするのはあまりに愚かなことではないだろうか。

（「詩篇」50篇12〜13節）

引用された詩篇には、神がイスラエルの捧げ物を嘲笑する言葉が連ねられている。曰く、わたしは神である。わたしが飢えたり何かを欲しがったりするなどということがあると思っているのか。たとい飢えても、わたしがあなたがたの捧げる牛の肉など、食べはしない。そもそもこの世界はすべてわたしのものだ。それをわたしに供えて、わたしへの贈り物になると思っているのか。人が供え物で神を思い通りに操作しようとするなど、不信仰の極みではないか――。

たしかに、聖書にはそういうところもある。そこは他の宗教や祭儀と少し性格が違うかもしれない。だけどね、そういう一般的な宗教性を否定してあんた、いったいどうすんの？　日曜日ごとに礼拝に集まってくる人びとは、ご利益《りやく》をほしがって神を操作しようとしているわけではありません。素直で飾らない、ほんとにただの日常的な宗教心です。そこには他の宗教と共通の基盤もあって、それがキリスト教というチャンネルを通して表現されている。いったいその何が悪いのか。バルトが見ていた二十世紀初頭のヨーロッパならともかく、この松山の地で何十年と信仰を守ってきたやさしいお年寄りと話すとき、この神学はあまりに場違いじゃありませんか？　そもそも、せっかくの読者に向かって「愚か」とか言い放ってるし。「神はあくまでも神である」って、利いたふうなことを言うな。天と地をザッパリと切り離すなんて、これではまるで「切り裂きジャック」ではないか。

不穏な目覚め

バルト自身も初期は爆弾を投げつけるような否定的言辞が多かったが、戦後を迎えると俄《にわか》に肯定のトーンが強くなる。世界が殺戮と破壊の時代を終え、和解と再建の時代に入ったからだろう。そういう戦後の人間的なバルトにも魅力はあるのだが、次第にわたしはまったく毛色の違う神学に惹かれるようになった。それがエルンスト・トレルチである。

トレルチはウェーバーと同世代の朋友で、一時は同じ家の上下階に住んでいたこともあり、二人の学問的な影響関係はよく論じられるテーマとなっている。トレルチは、ハイデルベルクでは神学の教授だったが、ベルリンに移ってからは哲学の教授を務めた。その経歴の通り、宗教社会学から歴史哲学まで幅広い著作を残している。

ちょうどそのころ『トレルチ著作集』(ヨルダン社)が出るようになり、わたしは一つひとつの論文を原典と照らし合わせながら丹念に読み進めた。ことに宗教学や宗教哲学の分野が面白かった。神学を他の精神科学と関連させて論じるところ、歴史に現れた宗教という経験的事実から出発しつつも、それを超えて規範や形成といった歴史哲学的な理念を模索するところなどに惹かれた。つまりトレルチも、はじめから矛盾した無理な課題を追求し続けた人だったわけである。一方ではヘーゲル的な本質や発展の概念を拒否して帰納的に歴史を扱うことを宣言しつつ、他方では歴史が最終的にある内的な統一や目標に向かう推進力をもっていると解釈する。一方では歴史の相対性に徹底して服しつつ、他方では歴史の彼方に相対性を超えたある至高性がおのずと姿を顕《あらわ》すことを期待する。

当時のわたしが直面していたのは、キリスト教を含む人間の宗教性一般をどう位置づけたらよいか、という問いだった。神学校の中で出会うのはキリスト教関係の人ばかりだが、教会に赴任して出会うのは他宗教や無宗教の人ばかりである。若い市民活動家のお坊さんにも出会った。キリスト教と他宗教は、いったいどのような関係にあるのか。キリスト教神学には、他宗教の存在を論じる余地はあるのか。「宗教史学派」の神学者トレルチは、この問題に正面から向き合っているように思われた。

トレルチが生きたのは、ヨーロッパ知識人が当然のように前提してきたキリスト教の唯一性が深刻な挑戦を受けるようになった時代である。「宗教学」は、諸宗教を偏りなく見る学問であるかのように思われているが、歴史的な系譜からすると、それは基本的に「キリスト教が」「他宗教を」どのように理解するか、という目線で始められた学問である。そして、それまでの宗教理解といえば、ユダヤ教・キリスト教・イスラム教の三つとその他大勢（異教）、という四つの括りがせいぜいだった。ところが一九世紀になると、アジア全域で多様かつ広汎に知られている実践が、実はゴータマという実在の人物を開祖とする一つの統一的な大宗教だ、という「発見」がなされたのである。これは不穏な目覚めだった。研究が進むにつれて、仏教というこの宗教は信者数においてもキリスト教をはるかに上回るとか、実は歴史的にも仏教のほうが古く、キリスト教はエジプトあたりで仏教から派生したのだとか、臆測の入り交じった報告がなされるようになる。教義的にも、仏教はキリスト教と同じ普遍性要求をもち、高度な倫理性と深遠な人格主義哲学を備えている。少なくともそれは、キリスト教と並び立つ普遍的宗教である。とすれば、キリスト教はもはや唯一無二とは言えないではないか。

すべての宗教の絶対性

トレルチが自分の研究の中心にあると認めているのは、『キリスト教の絶対性と宗教史』（原著一九〇二年、白水社『現代キリスト教思想叢書2』所収）という論文である。彼はそこで、絶対性主張には二通りあることを確認している。一つは素朴な主観的確信としての絶対性で、これは宗教に限らず日常生活でも、高次の精神生活一般に認められる直観の特徴である。すべての知覚は、成立の瞬間には絶対的な確信を伴っている。だが、この絶対性主張が素朴なままであり続けることは少ない。他の同じような絶対性主張に出会うからである。人はそこで比較を始め、分析と修正を余儀なくされる。そこでなおも絶対性を主張するとなれば、それが二つめの主張、すなわち技巧的で弁証論的な絶対性である。

宗教学の歴史でも、超自然的な奇跡をもち出したり進化論的な優越性をもち出したりして、キリスト教が特別であることを客観的に証明しようという試みがなされてきた。しかし、宗教史学派の神学はキリスト教を特別視せず、諸宗教の中の一つとして扱う。だからこうした学問的な絶対性主張はどれもみな破綻している、とトレルチは断言する。歴史の中に絶対は存在しない。それは、近代歴史学の当然の要請である。それだけではない。キリスト教信仰そのものがそう語っているのだ。絶対的な真理は終末を迎えるまで隠されたままである。つまり「絶対は歴史の彼岸にある」というのがキリスト教本来の歴史理解なのである。

だが、トレルチはそこで探究を終えたのではない。彼は、絶対性主張を一つめの主観的確信の領域に位置づけ直したのである。それは、学問によって客観的に論証すべき事柄ではない。素朴な絶対性は、素朴だからといって妄想であったり錯誤であったりするわけではない。ちょうどそれは、素朴な知覚が必ず妄想や錯誤であるとは限らないのと同じである。そして、いかなる宗教もこの主観的な確信としての絶対性なしに立ち上がることはできない。トレルチの言葉で言うと、「すべての宗教は絶対的な宗教として生まれる」のである。

たしかにその通りである。ユダヤ教徒の朝の祈りは、「自分が非ユダヤ人に生まれなかったことを感謝します」だし、イスラム教徒にとって『コーラン』は何ものも超えることのできない神の最終的な啓示である。仏教徒にとってはブッダの教える四諦八正道《したいはっしょうどう》こそ救いに至る唯一の道だし、ヒンドゥー教徒は『ヴェーダ』こそ唯一永遠のダルマだと信じている。どんな宗教であれ、信ずる人にとってはその宗教こそが絶対的な妥当性をもつ真理なのである。信仰は、「ここにわたしの救いがある」という確信があってはじめて成立する。その瞬間に「他の宗教のほうがよい」とか「別にどの宗教でもかまわない」などと思う人はいない。

読者の中には、この時点で「自分にはどの宗教も絶対的真理ではない」と思っている人もおられるだろう。「宗教なんて信じるとロクなことがない。パレスチナを見ろ。お互いに対立して戦争するばかりじゃないか。だから何も信じないのが一番だ」——その通り。まさにそこに、あなたの絶対性主張がある。あなたは無宗教こそ最高だと思っている。他の宗教と取り替えるなんて、まっぴらご免だと思っている。だからその時点では、やっぱり自分の(無)宗教が一番で絶対なのである。

最上級のお母さん

ということは、宗教も無宗教も、結局自分は一番だと信じていることになる。ではそういう人はみな独善的で不寛容で、他の宗教や無宗教を否定して見下しているのか。ここにほんとうの問いがある。ちなみに、無宗教を自任する人は、宗教を信ずる人をあからさまに見下すことがある。これは、わたし自身がそうだったからよく知っている。

信仰の絶対性は、他の宗教との比較の末に得られた結論ではない。幼稚園の子どもが「わたしのお母さん世界一よ」と言うのと同じである。それは、友達のお母さんと比較した上での発言ではない。まして世界中のお母さんを調査した上での結論でもない。子どもがそこで表現しているのは、「お母さん大好き」「お母さんありがとう」という素朴な信頼と感謝である。言語学のカテゴリーで言うと、「言語行為」speech act である。客観的に観察された事実を述べているのではなく、そのように発話することで特定の行為をなすことである。たとえば牧師が結婚式で夫婦の宣言をしたり、裁判官が法廷で判決文を読み上げたり、けんかした人が仲直りの謝罪をしたり。「世界一」と表現することによって、子どもは自分の心いっぱいの嬉しさを伝えようとしているのだ。

だから信仰の表現は、いつも比較級ではなく最上級である。ヒンドゥー教では“The One without a Second”（不二《ふに》一元《いちげん》）という表現がよく使われる。「第二」のない「第一」である。それは、他の何ものかとの比較における「第一」ではない。相対的に一番なのではない。他との比較や対立を絶して（ab-solvo）一番なのである。このあたりは、後にわたしが訳出した『キリスト教は他宗教をどう考えるか』（教文館）に詳しく論じられている。

この絶対性理解の実践的な帰結は何か。それは、他宗教の同様の絶対性主張をそのまま認めることができる、ということである。「自分の宗教が一番だ」は、「だから他の宗教は劣っている・間違っている」にはつながらない。その本人にとっての一番、とにかく自分はその信仰で救われた、という事実を確認して、それを喜ぶ表現である。そういう人は、「他の人にも同じような事態はあり得るだろう」という推測ができる。だから「わたしの一番」は、他の人の一番と両立可能なのである。相対的だからではない。絶対的な信仰だからこそ両立できるのである。かりにそこで幼稚園のお友達が「わたしのお母さんも世界一よ」と言ったとしても、その気持ちを理解することができて、けんかにならずに一緒に喜べるだろう。

トレルチは一九二三年、イギリスでの講演旅行を前に急逝してしまうが、遺された最後の講演原稿の一つに「世界宗教のなかでのキリスト教の位置」という論文がある(理想社『歴史主義とその克服』所収)。彼はそこではっきりと、「キリスト教以外の諸宗教、なかんずく仏教とバラモン教」には、キリスト教とまったく同じような普遍人間的で内面的な宗教のもつ「ほんものの絶対性」がある、と論じている。

導かれるか引きずられるか

とはいえ、トレルチは現代のような多元的社会に生きていたわけではない。その著作からは、なおヨーロッパのキリスト教こそ世界の中心である、という「傷ついた自信」のようなものが見える。二十世紀初頭の統計地図を見ると、たしかに世界のキリスト教徒の三分の二はヨーロッパと北米に住んでいたことがわかる。キリスト教は何といっても欧米の宗教だったのである。

しかし百年後の今、欧米に住むキリスト教徒は世界のキリスト教徒の三分の一にすぎない。キリスト教は、今や数の上では非欧米の宗教なのである。この百年のあいだに世界の宗教地図がかくも大きく塗り替えられた理由は、何と言っても地域ごとの人口動態の変容である。出生率の差がそのまま宗教人口の差につながっている。だがそれだけでもない。人びとは移住し、改宗する。宗教も伝播し、移植される。トレルチは遺稿論文の一つで、それぞれの宗教に固有の絶対性主張があることを認め、キリスト教のそれは「民族的束縛」を根本的に免れている点に特異性がある、としている。つまり、キリスト教は民族と宗教との固定的なつながりがない、ということである。

そうでなければ、日本にキリスト教が導入されることもなかっただろう。日本のプロテスタント教会の伝統を見ていると、それがどこからもたらされたのかがよくわかる。これは当人たちもあまり気づいていないことだが、子ども向けの教会学校や週半ばの聖書研究会といった活動は、ヨーロッパではなくアメリカの、それも明確にピューリタン的な伝統に由来するものである。なかには、週半ばの祈禱会のように、アメリカの教会で廃れかけているが日本の教会には残っている、という習慣もある。

その系譜をさらに勉強してみたい、と思うようになった。赴任した時には、少なくともここで十年は過ごすだろう、という覚悟でいたのだが、わたしは四年後に松山を辞して留学へ出ることになる。期待して育ててくださった松山城東教会の方々には、今も申し訳なさと感謝の思いが尽きない。帰国後何度か訪問したが、その間に主任牧師は野村忠規先生から寺島謙先生へと変わっていった。

今思い返すととても不思議なことだが、そのときは海外へ勉強に行くことに何の不安も感じていなかった。三十歳を目の前にして、無職となり、学生となる。これから何年かかるかわからない。無事に終わるかどうかすらわからない。帰ってきて仕事があるかもわからない。すでに子どもが二人いて、もちろんお金もない。そもそも、留学するには試験に受からねばならない。だが、どれもあまり心配していなかった。行き先も迷わず決めた。研究意図からプリンストン神学大学を選び、そこにだけ願書を提出し、TOEFLや論文審査などを経て合格通知をもらった。学費と生活費を賄う十分な奨学金が付いてきたので、あとはフルブライト奨学金に応募し、こちらも無事に旅費をいただくことになった。

セネカの言葉に、Ducunt fata volentem, nolentem trahunt.（運命は望む者を導き、望まぬ者を引きずる）というのがある。わたしはこれをトレルチが最晩年に読んだシュペングラー『西洋の没落』の末尾に見つけたのだが、それで言うとおそらくわたしは導かれたほうなのだろう。

15 見知らぬ本が招く――エドワーズ『怒りの神』

最初の難関

プリンストン神学大学で留学生が最初に入るのは、普通は一年コースの修士課程である。それを半分くらい終えたところで博士課程に応募し、ほんの数人が合格する。わたしは日本からいきなり博士課程に入学したので、その難関を通らずに済んだ。これは一見ありがたい話のようだが、入ってみるとたいへんだった。Ph. D. セミナーは週に二つ。そのうち哲学の教授は、東洋から来たばかりで英語も不十分なわたしの能力をはじめから疑っていた。授業の登録をして挨拶に行くと、「キミはPh. D. 課程に入ったようだが、ほんとに準備ができているかどうか確認したいので、来週までにデカルトのコギトについてひとつ小論を書いてもってきなさい」と言われた。自分は正規に入学しているのに、と心外な思いでそれを書いて提出したが、不満が顔に出ていたのだろう、提出したときには「何をそんなに怒ってるんだ」と今度はあちらが心外な顔をして咎《とが》めてきたのを覚えている。

「アカデミック・ハラスメント」などという概念は、まだアメリカでも存在しなかった時代である。わたしについてはその小論で納得してくれたようだが、その教授は授業中にある女子学生の発言内容を辛辣に批判した。するとその学生がやおら立ち上がって"I resent!"と抗議したのには驚いたが、それに対して教授が怯むこともなく"I don't care if you resent or not!"とやり返したのにはもっと驚いた。ほんの五人ほどの小さなセミナーである。授業は凍り付いてしまい、彼女は授業をやめただけでなく、結局そのまま学校も退学してしまった。そんなやりとりは他のクラスやチュートリアルでもけっして珍しくなく、毎年二十人ほどが博士課程に入るのだが、卒業までたどり着けるのは半分もいなかった。留学生はそのうち一人か二人。日本人学生はわたしの前と後にそれぞれ一人いたが、どちらも途中で脱落した。わたしの次に卒業したのは韓国人で、後にソウルの長老主義神学大学の学長になっている。

だからともかく授業は必死だった。課題図書も提出物も桁外れに多かった。「来週までにこの本を読んでくるように」と言われて行くと、「何が書いてあったかを五分で説明してみろ」と言われる。そんなのが週にいくつも重なって、最初の学期は死にもの狂いだった。他のことを考える余裕はまったくなく、学期の途中で歯が痛くなって歯医者を探さねばならなくなったときには、ほとんどパニック状態に陥った。まだ妻子が渡米して合流する前の、孤独な数カ月のことである。よく留学を志す学生に念を押すことだが、博士論文の執筆はファミリービジネスである。少なくともわたしは、家族の支えなしにはけっして完遂できなかっただろう。

先に全体の行程を書いておくと、まず二年間は博士課程のセミナーを半期二つずつ、計八つ取る。この授業課程がアメリカのPh. D. コースの特色である。それから資格試験を受けるが、その準備に最低一年はかかり、多くがここで脱落する。晴れて合格すれば論文執筆を開始し、実際に書くのに早くて二年、人によっては数年を費やす。わたしはフルブライト奨学金の在留期限が最長五年間だったので、何とか二年で書き終える、と心に決めていた。それでも、大学から支給される奨学金は四年間なので、最後の一年は自前で生活しなければならない。今とは航空事情もだいぶ違うが、その五年間は一度も日本に帰らなかった。

ピューリタニズムの精髄

留学の目的は当初から初期アメリカのピューリタニズムを学ぶことだったので、わたしは「ピューリタニズムの精髄」と称されるジョナサン・エドワーズという十八世紀の神学者を取り上げることにした。プリンストンはエドワーズが眠る町である。マサチューセッツ州ノーサンプトンの教会牧師だった彼は、先住民への宣教と教育に尽くした後、最晩年にニュージャージー(今のプリンストン)大学の第三代学長となり、就任後まもなく種痘が原因で亡くなった。だから町の中心部にある墓地に葬られている。エドワーズ本人が卒業したのはプリンストンより半世紀ほど前に創設されたイェール大学なので、遺された膨大な草稿の多くはイェールのバイネッキ図書館が所蔵しているが、プリンストン大学のファイアストン図書館にも若干所蔵されている。エドワーズの『批判的校訂版全集』はイェール大学出版局の担当で、ようやく最初の数巻が出た頃だった。同全集は、その後三十年ほどをかけて総計二八巻の書籍版とさらに多くの電子版となり、ごく最近すべての出版が完結したばかりである。

わたしが留学した当時、エドワーズに関する日本語の翻訳や本格的な研究はまったく存在していなかった――いや、そうわたしは思っていた。ところが、実はそうではなかったのである。今回はその話を書きたいのだが、それを説明するには、ある日系人家庭の歴史を辿ることから始めねばならない。

もともと留学先にプリンストンを選んだのは、国際基督教大学の教授で同大学教会の牧師でもあった古屋安雄先生の薦めがあったからである。古屋先生もプリンストン神学大学の出身で、そこでファイアストン図書館の司書をしていた夫人と出会い結婚した。その古屋夫人が生まれ育ったのがシモムラ家である。シモムラ家は、戦前に岡山県高梁市からアメリカ西海岸へ移住して成功したが、戦争中は日系人収容所へ入れられて筆舌に尽くしがたい苦労を経験する。やがて戦後に東海岸へ移り住み、子どもたちは医師や牧師や気象予報士となってそれぞれ安定した生活を送るようになる。そのうちの一人が古屋夫人となり、末妹のマリコは姉と同じようにファイアストン図書館で専門学芸員として勤めつつ、老いた母を見守っていた。

お母さんは認知症が進んでおり、マリコが働いている日中に一人で家にいると、ついお豆腐を買いにふらりと外へ歩いて出てしまう。もちろん、彼らが住んでいるプリンストン近郊の街にお豆腐屋さんはない。それは、はるかに遠く幼い頃の記憶の中に存在する、ふるさと岡山のお豆腐屋さんである。だから車が行き交う現実世界のアメリカで、お母さんはすぐ迷子になって途方に暮れてしまう。そういうことが何度かあったため、日中ことにお昼時には誰かがお母さんのそばについていてあげねばならない。それも、本人の英語はすでに揮発してしまっているので、日本語の話せる人でなければならなかった。そこでマリコは、当時同じ教会に出席していたわたしたちに声をかけ、妻がお昼前後しばらくの話し相手としておつきあいをすることになったのである。わたしが家や学校で勉強している合間に、妻がお母さんを訪ねてゆき、お昼をつくって一緒に食べる、というのが日課になった。いつも慎ましやかな食前のお祈りをして、小さなサンドイッチをおいしそうに食べる、とてもかわいらしいお年寄りだった。

見知らぬ本が招く

たまたまその日はわたしも用事があって一緒に出かけ、三人でお昼を食べたところだった。ふと傍らの本棚をのぞくと、ある本の題名がわたしの目に飛び込んできた。『怒りの神』という日本語の題である。わたしはエドワーズの勉強を始めたばかりだったが、それが彼の説教集の翻訳であることを一瞬で悟った。エドワーズ以外に、いったい誰がそんな ひどい題の説教をするだろうか。

実は、エドワーズの名前を聞いて多くのアメリカ人が思い出すのが、この説教である。それは、「大覚醒」と呼ばれる大規模な信仰復興運動が起きた一七四一年夏の説教で、「燃えさかる地獄の業火《ごうか》の上に、神はいまにも切れそうな細い糸であなたを吊り下げている」と罪人に回心を迫るものだった。たまたまその日の礼拝に出席していた人の記録によると、説教が進むにつれて聴衆はだんだんと重苦しいどよめきに包まれてゆき、しまいにはみな椅子から転げ落ちるように説教壇へ駆け寄って「救われるために何をしたらよいのか」と哀訴したという。あまりの興奮と混乱で、その日エドワーズは最後まで説教を続けることができなかった。

これがその後アメリカ全土で何度か繰り返されることになる信仰復興の始まりである。なぜ彼はそんな恐ろしい説教をしたのか、どうしてそれが人びとの心に刺さったのか、そこで起きた集団ヒステリー的な心理状態はどのように説明されるのか――などなど、面白い話は尽きないのだが、それはここではできない。重要なのは、これがエドワーズやピューリタニズムを代表する説教であるかのように、アメリカの社会と文化に深く印象づけられてしまった、ということである。それはいかにも不幸で不適切なことなのだが、ともかくこの説教は学校の教科書にも載せられて「アメリカでもっとも有名な説教」になってしまった。

だから『怒りの神』という日本語の題字がわたしの目に飛び込んできたとき、すぐにそれと悟ることができたのである。出版は一九四八年。日本語はおろか、アジアのどの言語でも初めてのエドワーズの翻訳書だろう。終戦後わずか三年、物資不足のただ中にあった国内事情を反映してか、わら半紙のような薄い紙を綴じた粗末な造りの本で、すでに全体が黄ばんでぼろぼろになっている。出版社は、とうの昔に廃業した京都の西村書店。印刷部数もごく限られていたと思われ、国内では誰の注目を浴びることもなくそのまま消えていった。この一冊を他にして、わたしはその後一度もお目にかかったことがない。しかし、国内で忘れ去られたこの稀覯《きこう》本は、アメリカの日系移民のご家庭の片隅にひっそりと保存されていたのである。亡くなった信仰深いお父さんが購入したものと推測されるが、お母さんは何語によらず本というものを読まなくなってすでに久しいし、アメリカで育った子どもたちは日本語の本を読まない。もちろんマリコも快く承諾してくれたので、わたしはそれを押し戴いてきた。あたかも、長く気づかれることを待ち続けてきたこの本が、正当な扱いを求めてわたしに強い手招き光線を送ってきたかのように感じられた。

深まる謎

ところが、この本には数々の不思議が詰まっていた。よく見ると、「エドワーズ説教集」という副題がついている。内容は「怒りの神」という標題作を含む七篇の説教、それにエドワーズの略歴と回想録である。訳者は伊賀衛《いがまもる》。いったい誰？　調べてみると、伊賀は関西学院大学の英文科を一九四六（昭和二一）年に卒業し、その後商学部で講師を務めていた。大学を出たてのそんな若者が二八六頁もある本格的な訳書を、しかもそんな困難な時代に、どうして出版できたのか。彼はどこからどういう経路でエドワーズに興味をもったのか。ほんの三年前まで戦争をしていた相手国の、それも二百年以上も前の説教が、食うにも事欠いていた終戦直後の日本人に、いったいどういう価値をもつと思ったのか。そもそもこの若い男性は、なぜ徴兵もされず空襲も食糧難もくぐり抜けて生き延びることができたのか。謎は次から次へと生まれて深まるばかりだった。

研究者の観点からいっそう不思議だったのは、彼がどうやって数あるエドワーズの説教の中から特にこの七篇を選んだのか、ということだった。本の題名となった例の「怒りの神」は当然含められるとしても、それと上手くバランスを取るように神の優美と恵みを語る説教があり、天国の幸いを語る説教があり、これに神学的な認識論を扱った説教、そして葬儀説教と告別説教が収められている。それぞれには簡潔だが的確な導入説明も付されている。これらは、長くエドワーズを研究してその全体像を知っている者でなければとてもできない芸当である。

そこでわたしは、それまでに出版されたいくつかの説教集を文献であたってみた。すると案の定、種本《たねほん》が見つかったのである。一九〇四年にマクミランから出版されたポケット版のエドワーズ選集である。これも古すぎておおかたのエドワーズ研究者には顧みられないものだが、そこに選ばれていたのがまさにこの七篇の説教だった。伊賀が添えている各説教の紹介文とエドワーズの略歴も、この選集に付されていた文章をほぼそのままなぞったものであることが判明した。もし訳者が出典を明記してくれていたなら、こうした探索は不要だったはずだが、当時はそれが訳業に伴う当然の義務とは考えられていなかったのかもしれない。

新生日本の若い精神に

ただし、それでも伊賀が自分で執筆したところはある。それは、昭和二三年八月一五日と明記された「序」である。終戦三周年のその記念日に、彼はどういう想いで本書を上梓したのか。伊賀はまず、ジョサイア・ロイスがウィリアム・ジェイムズと並べてエドワーズをアメリカ哲学の最高峰として高く評価したことを紹介する。その上で、エドワーズの偉大さは最後まで解消することのできない矛盾を追求しつづけたところにある、と言う。ピューリタニズムは、宗教的には教会改革であり、社会的には市民道徳の促進運動であり、経済的には新興中産階級の承認要求であり、政治的には議会制民主主義を進める合理精神である。

エドワーズ自身も、一方で伝統的な正統神学の擁護者として近代思想に対峙《たいじ》しつつ、他方でエマソンに通じる超絶主義的な神秘思想で宇宙の解明を試みた。一方で教会と社会の既存秩序を体現し代表しつつ、他方でそれを根元から覆すようなロックやニュートンの新しい経験科学を導入した。一方で旧来のトーリー的な貴族階級の倫理的精神を受け継ぎつつ、他方で勃興しつつある中産階級の個人主義に基礎づけを与えてこれを合理的に後押しした。

こうした時代の矛盾に怯むことなく立ち向かい、誠実に知的格闘を続けたエドワーズこそ、伊賀が当時の日本に示したかった人物なのである。伊賀は、精神的な虚空に漂流している敗戦国日本の現実を見つめていた。戦前の封建社会は支柱を失って崩壊したが、新しい時代が祝賀する自由と平等はまだ現実となっていない。敗北を悔しがるどころか無条件に抱きしめ、一夜にして「民主」国民となってバラ色の未来社会に頬ずりし始める、そういう日本人の「真実」はいったいどこにあるのか。

アメリカ文學の最大の價値である眞實性が元來ピューリタニズムに根づくものであり、そのピューリタニズムの大きい最初の開花がエドワーヅであつたと云ふ事である。精神的な根據を持たず、どちらに向いてもセンティメンタリズムのヴェイルを被らさねばすませない吾々現代の日本人にとつて、宗教であれ、ヒューマニズムであれ、マルキシズムであれ、先づ眞實を考へ、眞實に生きると云ふ事が特に必要ではないか。是がエドワーヅを譯した理由である。

伊賀はエドワーズを二十世紀の弁証法神学者カール・バルトにも比較している。両者とも、神が人間に対して絶対他者であることを強調するからだ。神は、自然や人間や理性を超越した世界の審判者であり、人間を危機に追い込んで決断を迫る存在である。「怒りの神」はそのような実存的決断を促す説教として、ロマン主義的な欺瞞《ぎまん》に浸りかねない新生日本の若い精神に提示されている。——実に意気軒昂としたエドワーズ論である。

かくして伊賀は、日本で最初のエドワーズ紹介者となった。しかし、もう一つ謎が残っている。彼はその後どうなったのだろう。本書の出版後、伊賀衛という名前はどこにも出てこない。エドワーズ研究だけでなく、他のどの学問分野からも、忽然と煙のように消えてしまったのである。調べてみると、彼の人生はそれから大きく旋回を遂げたことがわかった。伊賀は太平洋を横断してアメリカに渡り、ブリガムヤング大学に再入学、その後ユタ大学へ進んで一九五五年にPh. D. を取得している。やがてカリフォルニア州立大学ノースリッジ校で社会学の教授となり、その後名誉教授にも推されたが、同大学に照会して丁寧なお返事をいただいたところによると、一九九八年に亡くなっていた。社会学者として日本の自殺を扱った論文があるが、残念ながらエドワーズに関する発言や研究は何も残されていない。あの幻のエドワーズ本について、できればもう一度お話を伺いたかったものである。

資料蒐集と環境整備

以上は、二〇一二年にオックスフォード大学出版局から出した論集(*After Jonathan Edwards*)にわたしが書いたことの要約である。日本とアジアにおけるエドワーズ研究の拡がりを論じたものだが、謎解きの部分はだいぶ後になってから行なったことで、留学中はただその本を大事にもっていただけである。

エドワーズの著作は、本人の存命中に出版されたものも少なくない。しかし、その思索の深みへと降りてゆくには、彼が折に触れて書き留めた膨大な *Miscellanies*(『研究ノート』)を渉猟することが必須である。幸い現在はそのすべてがイェール大学版で公開されているが、当時はまだ手書き原稿を解読してタイプした私家版があるのみだった。その私家版がプリンストンのファイアストン図書館に所蔵されていたのである。わたしは特別許可をもらい、何週間も通ってその一枚一枚をコピーし、ようやく自分の手元に基礎資料をもつことができた。積み上げた厚さで言うと、全部で四〇センチほどになるだろうか。製本化されている今日からすればとんでもなく無駄な労力をかけたことになるが、時間をかけた分だけよく読み込んで考えることができたように思う。手作業のペースが頭の回転の波長に合っていたのかもしれない。

時代はゆっくりと手書きやタイプライターからコンピューターへと移行しつつあった。わたしが松山で仕上げたドイツ語の翻訳書(第6節参照)は、原稿書きにワードプロセッサーを使った最初の仕事である。キヤノンの製品で、五インチの大きなぺらぺらのフロッピーディスクを二枚、一枚はシステム用に、もう一枚は文書記録用に使う「ワープロ」専用機だった。たしか給料二カ月分くらいの値段だったが、それでも手書きに比ぶべくもない便利さだった。その経験があったので、わたしはアメリカに着くとすぐにニューヨークのユダヤ人が経営するショップに行き、ＩＢＭのＤＯＳマシンとプリンターを購入してきた。何と20メガバイトのハードディスクが付いており、大きな進歩である。使ったソフトウェアはもちろんWordPerfectで、脚注処理や類語辞典など、当時としては目を見張るような機能が搭載されていた。現在の主流となっているMicrosoft Wordは、あの頃はまだ学問的な作業に向かない素人用ソフトという位置づけだった。

プリンストン市内の「エドワーズ通り」(2003年撮影)

勉強以外の生活はとても楽しかった。郊外のルート1(国道一号)に面した大きなアパート群が家族をもつ学生のために用意されており、周りはみな神学校の学生とその家族である。安心して外の芝生で子どもを遊ばせられる環境で、ごく親しい友人の輪もできた。なかにはお節介好きの夫婦もいて、わたしが一人で到着した当初は、銀行の口座開設から中古車の目利きと購入まで、何から何まで助けてくれた。その後の五年間も変わらず親しく、けんかしたり仲直りしたりで、卒業後に彼らが男の子を養子に迎えた際には、何とその子にAnriという名前をつけてしまったほどである。大きくなって不良にならないといいが。

わが家では上の娘が近くの小学校へ、下の娘は保育所へ通った。たまたま保育所は「プリンストン高等研究所」の中にあったので、世界中から集まったとんでもない天才の子どもたちと毎日一緒に遊んでいた。といってそれが何か本人に好影響を及ぼした、という形跡はないけれど。妻は「プリンストン日本語学校」の教師を始めた。補習校なので、日曜の午後だけ開校される。そういえば、その頃の教頭は明るくはっちゃけた真鍋信子先生だった。二〇二一年にノーベル物理学賞を受けた真鍋淑郎先生のご夫人で、テレビで受賞会見を見たらやっぱりはっちゃけていた。

16　存在のスキャンダル――アリストテレス『ニコマコス倫理学』

二つの別世界を見る

留学中はいろいろなアルバイトをした。当時のフルブライトプログラムでは夫婦とも就労可能なヴィザが発給されたので、それだけでもフルブライト奨学生のステータスはありがたかった。よく覚えているのは医療関係である。プリンストン郊外にSquibb（現在はBristol Myersと合併）の研究拠点があり、そこで新薬開発が行なわれていたが、その人体実験を引き受けるのである。だいたい二泊か三泊で、仕事内容といえば朝晩に薬を飲んで血液検査を受けるだけ。それ以外は三食昼寝付きで何をしていてもよいので、本とノートを持ち込んで一心に勉強した。学生仲間では密かに人気のあった割のよいアルバイトである。

ただ、そんなところで真面目に本を開いていると、どうしても人目を引いてしまう。治験対象になるのは健康な若者で、ドラッグをやっていないことが条件になるが、ふだん学校で出会うのとはおよそ違った種類の人びとと知り合いになった。「おめえ何読んでんだ」に始まって、寅さんよろしく「へえ、さしずめインテリだな」と寄ってくるルームメイトから、わたしは下品で楽しいスラングをたくさん教えてもらった。通りがかりの女性について「あれはf――kableだ」「いやオレなら願い下げだ」などと勝手に品定めをして盛り上がったりする連中で、付き合うにも少し気をつけねばならないことはあったが、ともかく新鮮な別世界を覗《のぞ》かせてもらった。

もう一つの別世界を覗かせてもらったのも、同じ製薬会社のアルバイトだった。こちらは、日本支社で年間最優秀の成績をあげた営業マン二人を豪華にもてなす、というご褒美旅行に通訳として同行する仕事だった。アトランティック・シティという一大歓楽都市を回り、最高級のホテルに泊まって毎日ワインを何本も空けた。学生生活ではけっして縁のない奢侈《しゃし》と享楽の世界である。日本から来た若い二人もその豪華さにひたすら圧倒されるばかりで、はじめは言葉も出ないほどだった。こんな旅のお供ができて、その上さらにまとまった額の報酬をもらうなんて、ありがたいことではあるが、ほとんど不道徳である。

消尽と悪銭と救贖

こういう場合には、稼いだお金を大切に使う、などということを考えてはいけない。「宵越しの銭はもたねえ」という江戸っ子の気っ風で、いかにも無駄なことに思い切り消尽せねばならないのである。これはモースやバタイユが論じた贈与論に通じるが、後年彼らの本を読んだときに、つくづくその理論を実体験で後追いすることができた。最近のＡＩ論議でよく使われる言葉で言えば、「記号接地」である。

いや、別に不道徳なことをしたわけではない。法律にも倫理にも反していない。カジノの賭け遊びもやらなかった。通訳の仕事もきちんとこなした。——それでもやはり、そんな飛び抜けた贅沢をさせてもらい、かつその見返りにたっぷりと報酬をもらう、という構図そのものに、どこか落ち着かないところが残る。英語ではこういうときに、〝obscene〟という言葉を使う。普通なら「いかがわしい」とか「卑猥な」という意味だが、お金に関して使われるときには、ちょっと違う意味になる。「桁外れの」とか「普通では考えられないような」という感じだろうか。そのお金の稼ぎ方が汚いとかいかがわしいとかよりも、その額が非常識で度外れている、という意味である。アメリカの大企業トップがもらっている役員報酬は、この意味でみな〝obscene〟である。

だからアメリカでは慈善活動が盛んなのだ、とわたしは思う。どんなに正当な報酬でも、それだけ稼いでいるという事実自体に、どこか後ろめたい気持ちが生じるからだ。それは人間として自然なことだろう。とりわけ、道端で寒空に寝ているホームレスの人びとを目にすれば。

日本にも「悪銭身につかず」ということわざがあるが、あれは宗教学的に見ると、われとわが身を護るための実践知でもある。なぜなら、そういうお金を貯め込んだりすると、内側からその持ち主を腐らせてゆくからだ。ちょうど映画『千と千尋の神隠し』で、ハクが飲み込んだ銭婆のハンコのように。釜爺のところで息も絶え絶えになっていた竜は、千の介抱を受けてようやくそれを吐き出す。千がそれについていた魔法の虫を踏みつぶしてしまうまで、その力は竜を内側から食い荒らし続ける。極端に蓄積されたお金も同じ呪力をもっている。それは、持てる者の心身を内側から蝕んでゆくのである。くわばらくわばら。

ちなみに、「買う」redeem/redemptionという商売の言葉は、「救う」という神学の用語でもある。

思わぬ宝物

前回記したように、アメリカの博士課程は最初の二年間がコースワークだが、いつも学期ごとに取りたい授業が揃っているとは限らない。あるときどうしても他に選択肢がなく、しかたなくアリストテレスの『ニコマコス倫理学』を受講することにした。自分がやろうと思っている十八世紀のエドワーズには何の関わりもないと思っていたので、あまり気が進まなかった。ところが、これが大間違いだった。

ちょうどアラスデア・マッキンタイアの『美徳なき時代』(*After Virtue*)第二版が出版されて反響を呼んでいた頃で、担当の教授はアリストテレスを読み直すことで同書を批判的に解釈することを求めていた。マッキンタイアの徳論は、カントのような義務論とは大きく異なる倫理学で、人間の生の目的として幸福を追求する目的論的な倫理学である。その前提として彼は、文化の違いを超えた普遍的な規範原則を確立しようとする啓蒙主義の企てが失敗に終わったことを論じ、伝統的な共同体に内在する徳倫理の復権を求めていた。その主要な知的源泉をなしていたのがアリストテレスであり、その発展形態としてのトマス・アクィナスである。このあたりは、ティリッヒの存在論的神学を扱うときにまた触れることにしたい。

たまたま担当の倫理学教授は黒人だった。彼は、マッキンタイアのカトリック的な共同体理念には賛同しつつも、それが昔ながらの閉鎖的で階層的な倫理に回収され、結局のところ人種や性の多様性の排除につながってしまうことを危惧していた。さて、アリストテレス本人はそれでいいと思っていたのか。それとも、古代ギリシアという文脈の制約はありつつも、なお彼は幸福や徳が万人に共通の善だと想定していたのか。

そんなふうにアリストテレスが現代倫理の焦点になるのは面白かったが、正直に言うと、わたしはそれよりはるか手前の段階にいた。何せアリストテレスを読んだのがまったく初めてだったからである。プラトン⬇アウグスティヌス⬇デカルト⬇カント⬇キルケゴール⬇バルトと続いてくれば、この宇宙と人生はすべて天と地、イデアとその影、思惟と延長、叡智界と感性界という二元論で出来上がっている、と思い込むのも当然だろう。何と狭い理解だったことか。アリストテレス自身は、長くプラトンの膝元で学びつつも、超越と内在、存在と生成、潜勢と顕勢、質料と形相といった二つの局面の相即や転化や発展を論じている。

そこにわたしはエドワーズの存在論を解釈する新たな道筋を見た。大学の授業というものは、何でも数が揃っていればよい、というわけではない。一昔前のデパートじゃあるまいし、すべての分野の品揃えをするなんて、どんなに大きな大学でも無理だろう。だいいち、そんなことをしたら、結局どの大学も同じになってしまう。デパートなら三越だろうと伊勢丹だろうと、そんなに変わらなかったのと同じ理屈だ。そもそも、たくさんのメニューを取り揃えてその中から好きなものを選んでもらう、という発想はひと昔前の大学にはなかった。大学に「選択科目」という概念が生まれたのは、十九世紀後半のことである。授業というものは、教師が教えるべきだと思うものを教えるのだ。学生に学びたいものを選ばせていたのでは、わたしが経験したような幸いな出会いは得られないだろう。自分の専門や関心から遠いと思われるような授業にこそ、宝物が隠されているのである。

形而上学的なスキャンダル

『ニコマコス倫理学』には、「一羽の燕が春をもちきたすのではない」というよく知られた言葉がある。燕が一羽飛んできたからといって、あるいは暖かな日が一日あったというだけでは、春が来たとは言えない。正義も同じだ、とアリストテレスは言う。われわれは、不正をはたらくことは自分で勝手にできることだから、正しい人になるのも容易なことだ、と思っている。だが実はそうではない。たしかに、「隣人の妻と通じたり、傍《そば》にいる人を殴打したり、賄賂《わいろ》を手渡したりする」という悪しき行為は個々に実行可能だとしても、「そういう状態（ヘクシス）にあることによってそれに基づく行為をなす」というしかたで正しい人になるのは容易なことではない。たとえば、「勇敢な人」というのは、槍を一回投げれば誰もがなれるわけではなく、勇敢な状態にあることが現実化するようなしかたで槍を投げる人のことである。「医者である」のは、切開や投薬という一つ一つの行為をする人ではなく、いついかなるしかたでそれを行なうべきかを知って実践する人のことである。

この「状態」（ヘクシス）が、ラテン語のハビトゥスつまり「習慣」である。そして、ある中世哲学研究家の言葉によると、習慣という概念は形而上学的なスキャンダルである。なぜならそれは、可能態と現実態のあいだに位置しているからだ。トマスも、この存在論的な曖昧さについてはアリストテレスとまったく同じ考え方を同じ例で説明している。その例とは、知性の働きである。知性は、活動状態にないときには可能態にあり、実際に「知力をはたらかす」ときに現実態になる。

たとえばここに、怠惰な大学教授（たいてい男性）がいるとしよう。かつては優れた業績をあげたが、歳をとって何も論文を書かなくなってしまった。彼は、知識をもってはいるが、知識活動を行なってはいない。これが習慣という中間的な存在形態である。もし彼が再び意欲を起こせば、研究を再開して彼の知力は現実態となる。したがって、それはまったく存在しなくなってしまったというわけではない。つまり、彼の知力は機会が訪れた際には必ず現実化する、という一種の「法則」として存在していることになる。いや、怠惰であることがスキャンダルなのではない。可能態と現実態との間で、それが存在しているとも言えず、していないとも言えない、ということが形而上学的なスキャンダルなのである。彼が大学教授の徳（アレテー）である知力を行使していないことは、たしかに問題ではあるけれども。

ロックとニュートン

エドワーズは十三歳でイェール大学に入学する。早熟だが、当時は中等教育が存在しなかったので、このくらいの年齢で大学に入るのは珍しいことではなかった。ちょうどその頃、創立されたばかりでまだ校地すら定まっていなかったこの若い大学に、イギリスから大量の学術図書が送られてくる。その中に、ロックの『人間悟性論』やニュートンの『プリンキピア』『光学』などが含まれていた。エドワーズはこれらを貪るように読み、おそらく二次文献の助けを借りつつ、物質や存在についての自然哲学的な論考を深めていった。「物理学」がまだ「哲学」だった時代である。その過程で、彼は存在論的なハビットの概念を発達させてゆくのである。

エドワーズにとって、存在はすべてハビットないし傾向性 disposition である。ロックはいまだデカルト的な「実体」の概念に囚われており、その実体の属性のひとつとして「固性」を考えていたが、エドワーズは彼の「第一次性質」「第二次性質」という区別を捨て去り、存在をすべて行為として考えるようになった。つまり、存在するということは、存在し続けるという行為であり、無化に抗する力の現実化である。まず実体が存在し、しかるのちにそれが行為をする、というのではない。存在そのものが傾向性の発現であり、法則の実行なのである。

一方ニュートンは、衝突による運動理論では説明のつかない磁力や引力などの現象に気づいていたので、実体と偶有という古典的な形而上学から一歩踏み出す必要を感じていた。諸現象の背後には、「一般自然法則」がある、というのが彼の解釈である。エドワーズも、世界全体をこうした法則の編み目として構想し、それらの法則の現実化として存在を理解する。だから彼にあっては、存在と行為、質量とエネルギーとが同一の範疇で語られる。

この理解をもう少し先へ延ばしてゆくと、二世紀後のチャールズ・サンダース・パースの「可能的存在」という理解につながる。今で言う「バーチャル・リアリティ」である。パースの例で言うと、ダイヤモンドの硬さは、実際にそれを何かと擦り合わせてみないと発現しない。しかし、だからといってその硬さは実際に何かと擦り合わされていない限り存在しない、とは言えないだろう。これがハビットないし傾向性としての存在理解である。

こうしたエドワーズの自然哲学的な関心は、そのまま後年の神学的思索に連なり、存在の成就としての救済という理解を導くことになる。エドワーズの傾向的存在論がもっとも異彩を放つのは、それが神の存在の理解にも適用されている点である。神は、ハビットとして存在する。純粋現実有という完全飽和状態に静止して蟄居《ちっきょ》する実体ではなく、不断に行為し生成し続ける存在である。「神が存在する」ということは、「神が行為する」ということと同義である。だから神は、ご自身のうちで充溢しているだけでなく、その無限の善の傾向性を外に向かって継続的に発現させ、世界を創造し、自己を開示し贈与する。つまり、世界は神の自己反復なのである。エドワーズはここで、世界史を絶対精神の自己展開とみたヘーゲルともつながっている。

田舎の夏休み

毎年五月頃になると、学校に夏休みの求人募集が張り出される。だいたいは地方の教会からで、牧師が休暇を取る間の代理を務めるのである。まだ卒業前だから牧師の資格を取っていない神学生も多いが、なかにはすでに正規の按手礼《あんしゅれい》を受けている牧師もいて、そういう人は歓迎されるし報酬もいい。

それでわたしも応募することにした。ただしこちらは、妻と二人の子ども付きである。そんな家族持ちを雇いたいと思う人がいるかどうかわからなかったが、しばらくしてペンシルヴェニア州の「ど」がつく田舎の教会が連絡してきた。まずは電話で話し、次に牧師が面談に来て、ではどんなところなのか、試しに行ってみることにした。

道順を尋ねると、「ああ、プリンストンから五時間くらいかな。スクラントンを通って国道六号をずーっと西へ走り、町の信号まで来たらその左側だから」と言われた。「どの信号か」なんて言う必要はない。一つしかないから。人口は千五百人。すべて白人。黒人もいないし、ましてアジア人などいない。「以前日本人に会ったことがある」という人がいたが、よく聞いてみたら戦争中の話だった。そのくらい田舎の町である。そんなに小さな町なのに、教会は長老派の他にメソジスト、バプテスト、アングリカン、カトリックなどと一応ひととおり揃っている。どの教会もその信号がある十字路のあたりに陣取っていて、日曜日の朝はたぶん町の歩ける人全員がそのどこかに行くような計算だ。

そんな教会がどうしてわたし(たち)を招くことになったのか、よくわからない。プリンストンは長老派のトップスクールだし、そこでエドワーズという古き良きアメリカの神学者を勉強している、というところが気に入られたのかもしれない。ともかくこの夏の三カ月はほんとうに楽しかった。牧師一家には、ちょうどうちの子どもたちと同年代の子どもが二人いて、結局彼らは休暇を取らずにずっとわたしたちと一緒に夏を過ごすことになった。教会員たちもあたたかく迎えてくれた。

肝心の仕事はといえば、ときどき礼拝で説教したり、日曜学校や婦人会で話をしたりするだけ。あとは文字通り毎日楽しく田舎の暮らしを満喫した。牧師の家族や同年代の教会員たちと一緒にあちこちへ出かけた。地元のフェア(お祭り)へ遊びに行けば、珍しい東洋人がいるというので、アイスクリームを舐める子どもの写真が地元新聞の一面を飾った。ニューヨーク州も近かったので、フィンガーレイクスへ行ったり、ナイアガラの滝へ行ったり。町の外には広い草原がどこまでも果てしなくうねっている。教会員の家に行くと、大きな池があって、大きな犬が走り回っていて、毎日のように外でバーベキューをした。町外れにある大きな製材所を経営している人や、カントリーミュージックのバンドをやっている夫婦もいたが、実際に働いているのを見たことがない。みんなが夏休みだったのだろうか。いつものんびり楽しく暮らしていて、いったいどうやって食っているんだろうと、とても不思議だった。

ハートランドのアメリカ

アメリカがまだ豊かで寛容で余裕のある国だった時代である。人種的な偏見に出会うこともほとんどなかった。まれに悪意のない無知による発言に出くわすことはあったが、そういう時には必ず周りが助け船を出してくれた。唯一よく覚えているのは、年配の婦人たちとの会で、真珠湾攻撃の話になったときのことである。わたしが「十二月八日に」と話し始めると、突然彼らの目が細くなった。「え、八日？　日本ではそう教えられているのか？」――何のことはない、日付変更線があるので、日本では八日未明だがハワイでは七日早朝ということになるだけである。だがその違いが、七日に攻撃しておきながら国内では八日と嘘をついている、と受け取られたのだ。こういう誤解は、もともと「日本人は狡《ずる》い」という先入観があるから生じてしまうのだろう。

その後も何度かこの町を訪れた。雪の降りしきるクリスマスにも呼ばれて、一緒に楽しい数日を過ごした。帰国後も十年ほどしてからサバティカルをプリンストンで過ごしたので、久しぶりに訪ねて懐かしい人びとと再会し、お互いの子どもの成長ぶりを喜ぶこともできた。

プリンストンからの道すがらにあるスクラントンという町は、今ではバイデン大統領の生地としてよく知られるようになった。長く炭鉱で栄えた町だが、いわゆる「ラストベルト」の一部で、トランプ大統領の出現により民主党から共和党へとひっくり返っている。わたしがあの夏を過ごした小さな町は、そこからさらに奥へ入ったところにある。一応調べてみると案の定、最近二回の大統領選挙では真っ赤な共和党支持になっていた。気楽で鷹揚で懐《ふところ》の深かったあの愉快な仲間たちも、きっとトランプ氏に票を入れたのだろう。それは政治の話ではない。彼らの人生全体、生き方の価値そのものを肯定するか否定するかの話なのだ。

町の人口は、二〇二三年の統計では千二百人ほどに減っている。少しずつ衰退してゆく自分たちの町を、アメリカを、彼らはどう見ているだろうか。

Ⅳ

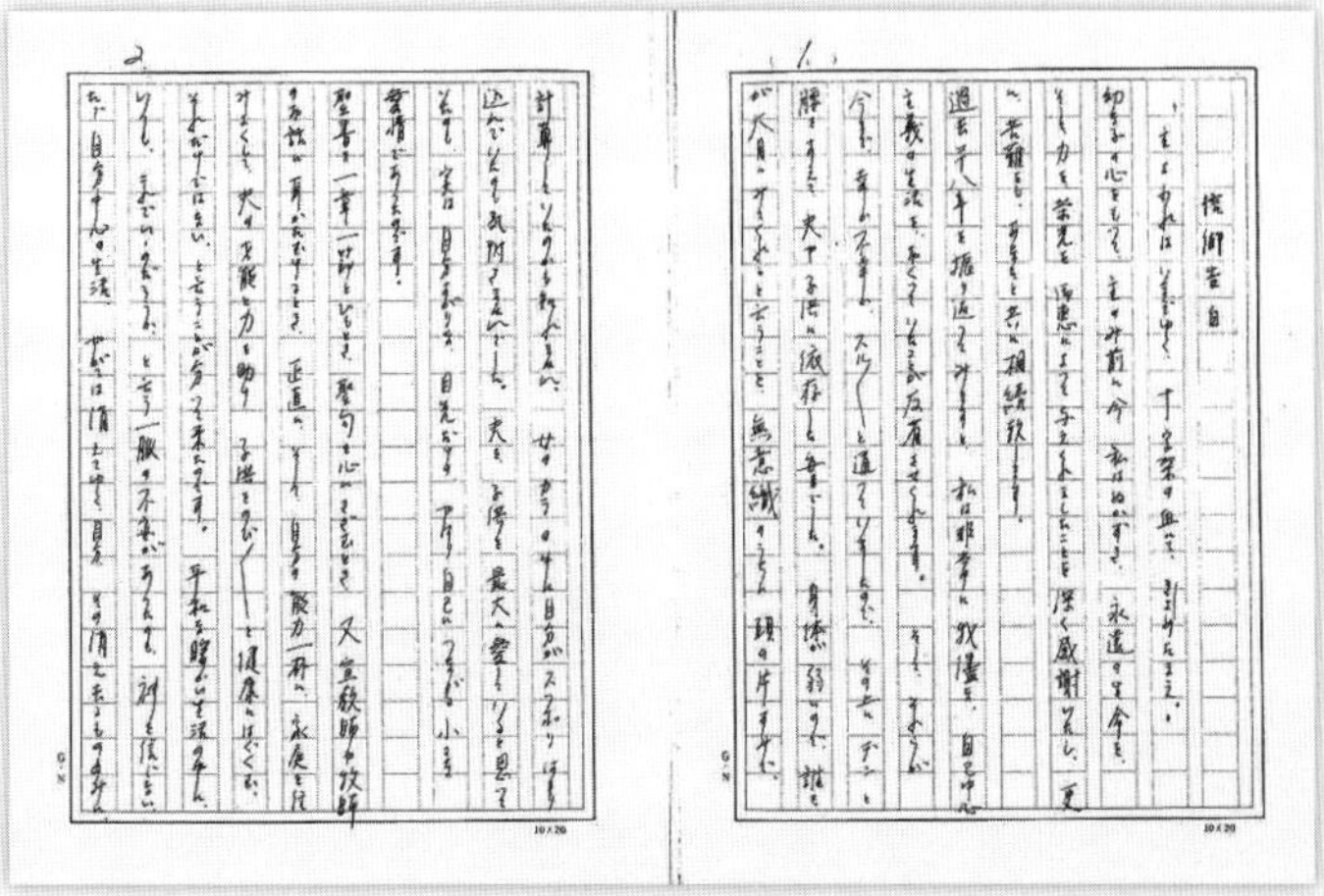

母の信仰告白(1961年)

遥かな成就

17　不安を引き受ける力――ティリッヒ『生きる勇気』

試験後の人生

アメリカの博士課程で勉強した人なら、〝There is life after Comps.〟という言葉を知っているだろう。〝Comps〟というのはComprehensive Examinationsの略で、二年間のコースワークを終えた後に受ける包括的な資格試験のことである。これに通らないと論文執筆を開始する資格を得られない。Qualifying Examと言ったりGeneral Examと言ったりするところもあるが、プリンストンではCompsと呼ばれていたし、たぶん今でもそうだろう。五つの専門分野でそれぞれ何十冊かの文献リストが作成され、一年をかけてそれらを読んだ上で一分野ずつ筆記試験を受ける。解答時間はそれぞれ半日午後いっぱい。それらに全部合格すると、最後に口頭試問がある。

わたしはそのうち一つの分野で注文がつき、追加試験を課された。口頭試問は五人の教授を前にしての問答である。年配教授の一人は最初からわたしの答えに不満だったようだが、若い教授の一人は評価してくれており、最後はこの若い教授の「もうこれで十分でしょう」という一言で合格になった。はあ～。

冒頭の常套句は、「この試験の後にも人生は続くんだよ」という意味だが、どういう立ち位置でこれを聞くかでニュアンスが大きく変わる。いちばん多いのは、試験に受かった後の人が安堵感と優越感とを滲ませながら、あたかもはじめて思い至ったかのように、「いやあ、ようやく人生をエンジョイできる境遇になったよ」「人生ってこんなに楽しいものとは知らなかった」と吹聴する場面。聞く側が試験前なら、羨ましさに身を焦がしながら「くそ、合格するまでの辛抱だ」という臥薪嘗胆《がしんしょうたん》の塊になる。「試験の後に人生がある」というのはつまり、「試験の前に人生はない」ということだ。「試験前のお前に人生を楽しむ資格なんかないんだよ」「何かやりたいなら試験に受かってからにしろ」と聞こえる。だからこの常套句は心の奥深くに刻み込まれて、いつまでも古傷のように残ることになる。

前々回記したように、この試験に受からず博士課程が終了してしまう人は少なくないが、実はこの試験、合格後がもっと危ない。あまりにも長く勉強を続けてきたせいで、ひとたび合格すると芯からほっとする。緊張から解放されて脱力したままになってしまい、なかなか本丸の論文執筆に取りかかる気力が湧いてこない、という事態になるからである。おまけに、試験のために読んだ膨大な資料は、各分野における偉大な先行研究の集積である。それらに習熟すればするほど、もはやその分野で自分が書くべきことなど何も残っていない、という「どん詰まり」感に押し潰されそうになるのである。

だから冒頭の言葉は、「試験が終わってからこそ、ほんとの勉強が始まるんだよ」という意味の警告にもなる。論文執筆を開始するには、まず〝prospectus〟を作成し、指導教授陣に承認してもらわねばならない。論文の主旨、意義、背景、目次、文献などをまとめたおおよその「見通し」という意味だが、これがまた大きな関門である。これさえしっかり出来上がれば、あとは計画に従って実際に字を埋めてゆくだけだ――まあ手順としては。

その後日本に帰ってきて自分の大学でも博士課程を担当したが、正直に言ってそこで出している学位がアメリカの大学院で得る学位と同等であるとはとても思えない。近年は日本の大学も博士の学位を出すことに積極的になった。それはそれで結構なことだが、これという優秀な学生には、日本の大学院で学位を取得することをわたしは勧めない。おそらくそれは、日本の大学院担当者の共通認識だろう。日本の学歴欄で、ときどき「単位取得退学」「満期退学」などの記述を見かけることもある。日本の大学院のコースワークや資格試験の要求度からすると、あれはいったい何の証明になるのだろう。海外の基準では、学位を取得できなかったのなら、いつ退学しようと同じである。

存在への勇気

ここで「人生」と訳した"life"は、「生命」でもある。それが「ある」とか「ない」とか言う場合、語られているのは「存在」の問題であると同時に、「生きる」という生死の問題でもある。試験に受からなかったからといって、別に死ぬわけではない。人生の過ごし方にもいろいろある。その優先順位(プライオリティ)をつけるのは選択の問題だし、あくまでも合格を志すのは意志の問題だ。ここで、存在論の問いと倫理学の問いとが重なり合う。そして、その重なりの焦点にあるのが「勇気」である。

パウル・ティリッヒの『生きる勇気』は、原題が *The Courage to Be* だから『存在への勇気』とも訳せる。これを「生きる勇気」と訳したのは、以前『ピューリタン』の回にも登場した大木英夫先生である。ハムレットの名句“To Be or Not To Be”を「生きるか死ぬか」と訳すのと同じことだが、先生はニューヨークのユニオン神学大学で著者本人の謦咳《けいがい》に接しており、この本がロロ・メイのような心理学者やロバート・ベラーのような社会学者に「生きる勇気」を与えたことを念頭に置きつつ、こちらの訳を選んでいる。

「存在」と「勇気」がどう結びつくのか、首を傾げる人もあるだろう。別に勇気がなくたって存在はしているはずだ。勇気をもって存在するとはどういうことか。ティリッヒによると、「勇気」は倫理学と存在論とが融合した概念である。なぜなら、勇気とは自己に固有な本性を肯定することだから。自己のうちにある非本質的な部分に抗して、本質的な部分を貫徹させることだから。不安や無意味さの脅かしにもかかわらず、自己の存在を肯定し、内なる目的を成就し、存在を完成に至らせる。自己の一部を犠牲にし、快楽や幸福を放棄し、必要とあらば生命すら捧げることによって、本来的な自己を実現する――それが勇気である。

ティリッヒという神学者も、アリストテレスを読んでいないと理解できない。その基底にあるのは、義務論ではなく目的論である。何かが正しいから「～すべし」と論ずるのではなく、人間が徳をもって幸福な生を実現するにはどうしたらよいかを論ずる倫理である。「徳」と言うといかにも道徳じみて聞こえるが、それは人間のもつ卓越性の実践であり、自己の本性を実現する行為であり、善と美の成就、力と意味の調和である。

アリストテレスによれば、どんぐりのテロス(目的)は樫の木になることだ。どんぐりは、自己に内在する潜在的な本性を現実化させることで樫の木へと生長する。そこに存在の力がある。しかし、人間に備わっている潜在的な本性は一つではない。そして、何かを実現することは、別の何かを失うことだ。だから人間の実存には不安がつきものである。潜勢が顕勢になるとき、潜勢は失われる。たとえば、婚約は結婚において成就するが、結婚したとたんに婚約状態は消失する。成就することで失われるものがあるので、人は不安に襲われるのである。「マリッジブルー」と呼ばれる現象だ。可能性が現実化するとき、存在はその帰結を引き受けねばならない。何かを選び取るには、何かを捨てねばならない。だから存在への勇気が必要なのである。

夢見る無垢

ティリッヒはこれを、「本質存在」(essence)から「現実存在」(existence)への移行として説明する。伝統的な神学の原罪論は、ここでまったく換骨奪胎されて新たな存在論的解釈へと生まれ変わる。楽園における人間は、いわば「夢見る無垢」(dreaming innocence)の状態である。歴史以前の神話的世界では、神の創造の善がそのまま理想的な姿で存在する。楽園は、本質存在(エッセンス)における人間を表現したものである。これに対して、歴史的世界に生きる人間は、現実存在(実存)である。だから人間の実存は、人間の完全な本質からすると常に不完全で欠けた存在と言わねばならない。つまり現実の人間は堕落しており、われわれの生は必然的に「疎外」されている。実存(existence)とは、ギリシア語の語源では「外に立つ」(ex-histemi)という意味である。聖書的な表現に戻せば、それは楽園の「外」すなわち神話から歴史へと展開した現実の生きられる世界のことである。われわれは、誰もが「エデンの東」に生きているのである。

楽園には生成や消滅がない。変化がない。時間が経過しない。アダムとエバは永遠の神話的な至福に生きている。すべては調和のうちに存在しており、「ふたりとも裸であったが、恥ずかしいとは思わなかった」(「創世記」2章25節)。だが、ひとたび楽園の外に出ると、彼らの生は唐突に躍動を始め、自己展開を見るようになる。アダムは妻エバを知り、子どもが生まれ、生まれた二人の子の一人がもう一人の子を殺す。彼らは生と死に限界づけられた現実の人間として歴史を生きるようになるのである。そこには変化と運動があり、生の始まりと終わりがあり、歴史の両義性と曖昧さがある。

わたしはよく授業で、この解釈を子どもから大人への移行として説明した。子どもはみな夢見る無垢の世界に生きている。いや、子どもだって悪いことをするが、高がしれている。善いこともするが、それもささやかなことだ。善いことも悪いことも、明確な意図を欠いている場合、それを徳や悪徳とは言わない。

本質存在から現実存在への移行は、必然的に疎外を結果する。楽園の外に出たとたんに、人は罪を犯す。人類の歴史は、兄弟殺しから始まるのである。カインは自分の捧げ物が顧みられないのを見て大いに憤り、顔を伏せた。その彼に神は語りかける。「罪が門口に待ち伏せています。それはあなたを慕い求めますが、あなたはそれを治めなければなりません」(「創世記」4章7節)。あなたが現実世界へと一歩を歩み出したその瞬間から、罪はあなたを付け狙っている。今にも飛びかかろうとあなたを窺っている。あなたは知らずに暗闇へと歩み入る。それはあなたの足許に忍び寄り、絡みつく。あなたはそれを振り払うことができない。あなたにできるのは、それを治め、それと共存することだけである。

聖書は、「罪を犯すな」と言わない。そんなことは不可能だから。人は罪を犯すことなく生きてゆくことはできない。ただそれを飼い慣らし、なだめすかし、何とかその悪魔的な憑き物を肥大化させないように生きることができるだけである。人は悪魔を内に飼う生き物である。それに好餌《こうじ》を与えて厄災を大きくしないように、注意深く自分を律しつつ生きてゆくしかないのである。

そのことを知って、人は大人になる。聖書のヘブライ語はかなり厳密である。「人」は罪を犯して「アダム」になる。定冠詞(ha)のついた一般名詞としての「人」(ha-adam)から、定冠詞なしの固有名詞「アダム」(adam)になるのである。罪は人を個として定立する。個の自律とは、誰にも言えないような罪を自覚することだ。「自分は罪を犯さずに生きてゆくことができる」と思っているうちは、人は大人ではない。「自分に罪はない」と思っているうちは、人は個人ではない。

絶えざる恐怖の工場

本質存在における人間が無垢なのは、すべてが未決の可能性にとどまっているからである。しかし人間は、有限な自由の中で可能性を現実性へと転化させつつ生きる。そこに「不安」が生まれる。テ

ムンク『叫び』(油彩，1893年)

ィリッヒは、キルケゴールに倣いつつ、不安を「有限性の自覚」と説明する。すべての存在は有限だが、人間はその有限性を自覚している。そこに不安の根源がある。

不安が人間の実存に由来する以上、それを完全に取り除くことはできない。人はただそれを引き受けることができるだけである。勇気とは、この不安を自分に引き受ける力のことである。牧師や精神療法家のつとめは、人が不安を引き受けて自分を肯定する力を得る手助けをすることにある。かつてプラトンが言ったように、勇気とは「何を恐れ何を敢えてするかについての知」だから。

不安の発現形態は、歴史の時代背景と不可分である。古代末期には運命と死という存在的な不安が、中世末期には罪責と断罪という倫理的な不安が、近代末期には空虚と無意味という精神的な不安が、それぞれ優勢となった。神学は、それぞれの時代の問いにふさわしい答えを模索しなければならない。これが、ティリッヒの言う「相関の方法」である。だから神学は聖書だけを読んでいたのでは始まらないのだ。問いのないところに答えはない。自分が問うてもいない問題に答えが与えられたからといって、誰もありがたいとは思わないだろう。現代人には現代人に固有の問いがある。それが、空虚と無意味の脅かしである。

不安は「恐怖」とは違う。恐怖には具体的な対象があるが、不安にはない。ムンクの「叫び」という絵を思い出してみるとよくわかる。脅かされた人の姿が不気味なほど現実的に描かれているが、その原因については何もわからない。人はただ、不安の中へと引き渡されているだけである。そこには何の解決策もなく、何の対処法もない。だから不安なとき、人は何でもよいから恐怖の対象を見つけ出そうとする。不安は恐怖になりたがっているのである。具体的な対象として「スケープゴート」を立て、それを攻撃すれば脅かしを退けることができると思うからだ。人間の精神は「絶えざる恐怖の工場」である。現代社会は、その産物を繰り返し見せつけられてきたではないか。

この不安の克服はひとえに、有限性と無の脅かしに抗して、自分を肯定することができるかどうかにかかっている。ニーチェの言う「鷲の勇気」である。神も目撃者もない完全な孤独の中で、無の深淵をのぞき込みつつ、なお自分を肯定する勇気である。何も知らずに胆力だけをもつ者ではなく、怖れることを知りつつ、なお存在の根底に自分を委ねることのできる者の勇気である。ティリッヒによれば、それが神の愛に参与してその一部となることである。「完全な愛は恐れをとり除く」(「ヨハネの第一の手紙」4章18節)からである。

神は存在しない

ここまでお読みの方はすでにお気づきのことだろう。ティリッヒの「神」は、ふだんわれわれが何気なしに使う「神」という言葉とはだいぶ中身が異なっている。そもそもティリッヒにとって、神は存在しない。「神が存在する」などと言うのはナンセンスである。そんなことを言ったら、神はあれこれの存在物と一緒くたにされてしまう。もし神がこの世界にあるすべてのものと同じように存在するのであれば、神はこちらにいればあちらにはいないだろう。いまだ存在しなかった時があり、やがて存在しなくなる時があるだろう。そんな神なら存在しない、と言わねばならない。神はむしろ、存在自体であり、存在の力であり、すべての存在者を存在せしめている存在の根拠であり、すべての存在者がそれに依存しているところの存在の構造である。だから神は存在と非存在の彼方にある。「存在への勇気」とは、この存在そのものの力に与《あずか》って自己を肯定する勇気のことである。

いったいに、存在の問いは「非存在の衝撃」から生ずる。われわれはニューヨークのグラウンド・ゼロを見て、かつてそこに存在していたツイン・タワーが今は存在しないことに衝撃を受ける。コロナ感染で封鎖された大都市の道路を見て、ほんのしばらく前に多くの人や車がひしめいていた空間が今は空っぽであることに衝撃を受ける。われわれは自分の生活世界にあるものの存在を当然のように前提して生きるので、その非存在に衝撃を受けるのである。この世界全体もまた、何らかの断絶の契機を経験することがなければ、永遠に変わらず存在し続けると思われることだろう。

だが、すべて存在するものは、その非存在を思惟《しい》することができる。「可能的非存在」の深淵である。神でさえ、もしその神が存在自体でないならば、この深淵に沈み込む他ない。「神は存在する」と言い張れば言い張るほど、その言明が否定された状態を考えることができるからである。これが、バルトの回で扱った「神の存在証明」の要である。アンセルムスが証明を試みたのは、「可能的な非存在を思惟することができない」神の存在であった。「失われた完全な島」や「想像上の百ターレル」の存在ではない。「必然的存在」である。ということは、論理的に存在を証明できるのは神だけであって、世界とその中のものすべては、たまたまある時点でたまたまある場所に存在している「偶然的存在」にすぎない、ということだ。それが可能的に非存在であるとしても、何ら思惟上の矛盾をきたさない存在である。わたしも、あなたも。そしてそれは、形而上学的には限りない慰めである。

境界を超えて

ティリッヒという神学者自身の人生も、不安に抗して本来的な自己を貫徹し続ける人生だった。第一次大戦では志願して従軍牧師となり、西部戦線の塹壕《ざんごう》で凄惨な血まみれ泥まみれの生死を経験する。そこでブルジョア理想主義から目覚めた彼は、マールブルクやフランクフルトで哲学を教えつつ、宗教社会主義の出版活動に挺身した。そのため、一九三三年にヒトラー政権が成立すると、最初に「帝国の敵」と名指されて教授職を解かれてしまう。早くからティリッヒに注目していたラインホルド・ニーバーは、このことを知ってただちに彼をニューヨークのユニオン神学大学へ招聘する電報を打った。大恐慌のさなかにあったアメリカで、教授たちは自分の給与の五パーセントを拠出して彼を迎え入れたという。亡命先のアパートへ辿り着いたティリッヒ一家を最初に出迎えたのは、湯沸かしケトルを手にしたニーバーの妻アーシュラだった。

当時のヨーロッパから見れば、アメリカはまだまだ文化的な後背地と思われたことだろう。ティリッヒはこの時すでに四七歳。ドイツで失ったテニュアをアメリカで再び得たのは、それからようやく四年後のことである。新天地への移住を余儀なくされた彼にとり、いちばんの困難は英語だった。彼の発音の悪さは、しばしば笑い話に残されている。ドイツ系の移民は、キッシンジャー国務長官もそうだったが、th の発音ができない。ティリッヒはよく、自分のことを〝bad teacher〟にかけて〝bad TH-er〟だと言っていた。それは疑いもなく、彼が教師として高い評価を得ていたからこその冗談だろう。他に、〝The face is the background of the nose.〟というのもある。「顔は鼻の土台である」なんて、何でそんな当然のことを言うのだろう、と聞いた人は不思議がったが、本人が言いたかったのは、〝The faith is the background of the gnose.〟（信は知の土台である）ということだったらしい。もっとも、これはちょっとできすぎた話なので、ほんとかどうかは怪しい。

ティリッヒは、ラジオや講演を通して、アメリカからドイツの国家主義と反ユダヤ主義に対する抵抗を呼びかけ続けた。戦後アメリカの国務長官を務めるジョン・フォスター・ダレスは、ユニオン神学大学と深いつながりがあったため、この頃からティリッヒと戦後の世界秩序について意見を交わすようになっており、彼の神学的な人間理解が平和構築や冷戦下の核戦略に反映されることもあった。

一九五五年にユニオン神学大学を退職すると、ティリッヒはハーヴァード大学の〝University Professor〟（全学教授）に任命される。これは、ただの「大学教授」ではなく、特に学際的な分野で自由に教えることのできる、学内でもっとも権威ある教授職である。その後一九六二年にはシカゴ大学へ移り、六五年に亡くなるまで神学の教授職にあった。

ティリッヒは、自分の過去を振りかえって「境界を行き来する」人生であったと概括している。たしかに彼は、ドイツとアメリカ、哲学と神学、宗教と文化、東と西、理念と現実、有限と無限などといった境界の上を行き来する思索家だった。そこには運命と自由との交錯があり、アイデンティティの追求という今も変わらぬ新しい課題がある。

ただし、女性関係についてはもう少し境界を守ったほうがよかったかもしれない。妻の自伝的記録によると、夫婦はこの問題でしばしば苦しんだ。当時流行った言葉で「オープン・マリッジ」と称される性関係を別の夫婦と試してみたり、ハンナ・アーレントの友人だった女性と深い仲になった上で個人秘書に雇用したり。ティリッヒが学内で女子学生に不適切な行為をしたとき、それを知ったニーバーは彼への信頼を見直し、両者の関係はかなり緊張したものになった。しばしば「デモーニックなもの」について語ったティリッヒだが、それは自分自身を省みつつ語られた言葉なのだろう。

18　愚かな光の子――ニーバー『光の子と闇の子』

神の箱

ニューヨークのアップタウンに「ラインホルド・ニーバー・プレイス」という名の通りがある。西一二〇番通りのうち二ブロック、ブロードウェイとリバーサイドの間の短い区間だけだが、この通りに面したユニオン神学大学で三十年以上にわたって教えたラインホルド・ニーバーを記念して市がつけた名前である。道を隔てた南にはインターチャーチ・センターとバーナード・カレッジがあり、西にはリバーサイド教会、東にブロードウェイを渡ればコロンビア大学がある。

わたしがニューヨークに行く時は、たいていこの狭くて限られたエリアが行き先だった。学生時代にはピューリタン関係の稀覯《きこう》図書をもつユニオンのバーク図書館に何度もお世話になったし、リバーサイド教会の礼拝はいつも清新でパワフルな説教だった。ニューヨークはプリンストンから電車で一時間ほどの距離だが、閑静な大学町から大都会へ出るというので、とても緊張した。街は今よりずっと喧《やかま》しくて怖かった。少なくともわたしはそう感じていた。今行くと、まず車の騒音が少ないことに驚く。ＥＶ車が増えたからだろうが、クラクションもずっと穏やかだ。歩道は相変わらず工事中ばかりだが、ゴミは減ったし、地下鉄もきれいになって、何だか昔より安心して歩けるような気がする。

卒業してからはインターチャーチ・センターでの用事が多かった。これは、リバーサイド教会と同じくロックフェラー家の資金援助を受けて一九五八年に建てられた大きな四角いビルで、通称〝God Box〟(神の箱)と呼ばれている。米国教会協議会をはじめとするアメリカのキリスト教関係諸団体の本部がいくつも入っているからだ。プロテスタント・アメリカに「バチカン」があるとすれば、これがいちばん近いものになるだろう。しばらく前までは、長老派、メソジスト、改革派、ルター派など主流派の全米教会本部が入っていたが、みな高額のテナント料を嫌ってニューヨーク以外の地方都市へと本拠地を移してしまった。

昔も今も入っていてわたしが深く関係した団体に、「日本国際基督教大学財団」(Japan ICU Foundation)と「アジア・キリスト教高等教育連合」(United Board for Christian Higher Education in Asia)がある。前者は国際基督教大学を財政的に支援する財団で、後者「ユナイテッド・ボード」(UB)はアジアのキリスト教諸大学を支援する財団である。UBはもともと中国のキリスト教大学を支援する目的で設立された団体だが、過去百年ほどの中国の歴史的な変遷に伴って、アジア各地へとネットワークの輪を広げてきた。わたしはごく最近まで理事を務めていたので、面白い話もたくさんあるのだが、それはここでは触れない(『IDE 現代の高等教育』二〇二三年十二月号を参照)。トランプ氏が最初に当選したあの驚愕《きょうがく》の朝も、この理事会で迎えた。居並ぶ理事たちが議事を始めることもできずに呆然として頭を抱えていたことを覚えている。

民主主義の批判と擁護

ラインホルド・ニーバーという神学者の名前を見聞きすることは、日本でも以前より少し増えたように思う。今年(二〇二四年)の元旦に朝日新聞を開いたら、何とあの黒柳徹子さんがニーバーの有名な祈りに触れておられた。一九七一年にニーバーが没したとき、「タイム」誌は「ジョナサン・エドワーズ以来のアメリカでもっとも偉大なプロテスタント神学者」と評して彼を称《たた》えている。バラク・オバマ大統領をはじめとする多くの政治家が国際政治への洞察を求めてしばしばニーバーを参看したし、二〇二一年にアメリカ軍がアフガニスタンから撤退したときにも、ニーバーを引用した論説が出ていた。

『光の子と闇の子』は、そのニーバーが第二次大戦終結の直前、一九四四年に書いた民主主義論である。題名の由来は、「この世の子らはその時代に対しては、光の子らよりも利口である」というイエスの言葉(「ルカによる福音書」16章8節)にある。「光の子」とは誰か。そして「闇の子」(この世の子)はなぜ賢いのか。その説明の前に、まず「民主主義の正当性証明とその伝統的な擁護の批判」という本書の副題を読み解いておこう。

同書によると、民主主義には歴史的な要素と恒久的な要素とがある。歴史的には、民主主義は近代のブルジョア・イデオロギーである。教会や貴族や王権という中世封建社会の支配階級に対して、商業の発達で得た経済的自由を梃子《てこ》にして平等な選挙権という政治的自由を勝ち取った中産階級の武器である。だからこの時代の民主主義には、興隆期にある階級に典型的な幻想がつきまとっている。それは、自分たちの階級の進歩がそのまま世界の進歩であると思い込む楽観主義である。だが、今日この要素は極端な個人主義と自由主義で危機に瀕《ひん》しており、もはや同じ理由で民主主義を擁護し続けることはできない。これが「伝統的な擁護の批判」という部分である。

しかし、民主主義にはより深い恒久的な次元がある。それが人間論である。人間は本質的に自由である。自然がつくるのはすべて「類」「種」「型」だが、人間はそれを超えた「個」として存在することを欲する。と同時に、この「個」は単独で生を充実させることはできない。人間は社会の中で自由を求め、歴史を創造し、他者との交わりの中に自己を実現しようとする。二十世紀は、「誤った個人主義」(ブルジョア民主主義)に対して「誤った集団主義」(プロレタリア革命)をぶつけたが、どちらも「半面の真理」にすぎず、両者の闘争は野蛮なナチズムを利するだけに終わった。どちらの陣営も、私的利益と公的利益との調和を信じており、その矛盾や葛藤は容易に解決できると楽観視していたからである。

この楽観主義は、世界大戦という現代史の反駁《はんばく》を受けて潰《つい》え去った。人間には個人的利害を超えて共通の正義を実現する意志や能力がある、という前提は、極端な悲観主義に取って代わられた。だが、「人間にそんな理性的な意志や能力はない、だから強い統治者が必要なのだ」という悲観主義にも深刻な陥穽《かんせい》がある。統治者自身も同じ欠点を免れ得ないからだ。民主主義には、より哲学的で宗教的な根拠づけが必要である。人間の正義への能力が民主主義を可能にし、不正への傾向が民主主義を必要にする。これが「正当性証明」の部分である。

愚かな光の子

今日の民主主義が危機に瀕しているのは、それが「愚かな光の子」によってつくられてきたからだ、とニーバーは言う。「光の子」とは、私的利益を高次の律法に従わせようとする楽天的な理想家である。これに対して「闇の子」とは、自分の利益しか考えない冷笑家である。光の子は善だが、利己心の力を軽視する。とりわけ、自分の内に潜む利己心の力を。闇の子は悪だが、利己心の力をよく見抜いている。とりわけ、光の子らに潜む利己心を。

ナチズムの興隆を見た理性的な民主主義者たちは、「まさかそんなことはしないだろう」と高を括《くく》っているうちに、あれよあれよと言う間に世界を席巻されてしまった。彼らは、ナチズムの悪魔的な凶暴性を見くびっていただけではない。自分たち自身のうちに潜む利己心の力を見くびっていたのである。光の子は道徳的な主張を掲げるが、その背後には常に私的利益の追求が隠されている。闇の子はその密かな狙いを鋭く見抜き、国と国とを対立させてその力を最大限に利用した。

近代になって世俗化した光の子らは、特に愚かである。なかでも、近代の自由主義プロテスタンティズムは、救いようもなく愚かである。なぜなら、「原罪」という人間と社会の理解に関する真の叡知を捨て去ってしまったからだ。ニーバーをニーバーたらしめている確信がここにある。「原罪」こそ、世数あるキリスト教の教義の中で唯一、人類史の一頁ごとに立証され続けている経験的事実である。世界中の誰も、キリスト教徒であろうとなかろうと、この事実に反駁することはできない。人はなぜ、時代と文化、民族と宗教、貧富と教育にかかわらず、悪を行なわずに生きることができないのか。人間は、社会の仕組みが変われば、政治の制度が刷新されれば、教育システムが改革されれば、経済格差が解消されれば、国連機構が強化されれば、教会や寺院がまともに機能すれば、堕落と腐敗から自由になることができるのだろうか。どれほど時代が進歩しても、平和と繁栄、正義と真実の世界が実現しないのは、人間存在の本質的なところに、それを阻む何かが潜んでいるからではないのか。

ジョン・レノンの「イマジン」という曲を知っている人は多いだろう。わたしも時代の子として、中学生の頃からビートルズに浸り続けてきた。だからこの曲も、最初にリリースされた一九七一年以来、同じアルバムで聴いている。「天国も地獄もない世界を想像してごらん。国も宗教もない世界で平和に生きることを」――たしかに、宗教がなくなればきっと多くの戦争がなくなるだろう。今のパレスチナを見れば、多くの人がそう思うに違いない。だが、あのアルバムを購入した人は知っている。B面には、険悪になりつつあった当時の仲間ポール・マッカートニーを辛辣《しんらつ》に嘲《あざけ》った"How Do You Sleep?"という曲が入っているのである。そもそもあれは、仲間割れをしてビートルズを飛び出したジョンが最初にヨーコとつくったアルバムである。宗教があってもなくても、国があってもなくても、やっぱり人は平和に生きることができないのだ。わたしの大好きなジョンも、やっぱり「愚かな光の子」なのだ（ポールの曲のほうがもっと好きだけど）。

蛇《へび》のように、鳩《はと》のように

近代文明は、科学の発達によっていっそう愚かになった。それを使用する人間の善だけを前提にしているからである。自然に関する知識は、自然を搾取する能力を高め、欲望に無制約の自由を与える。フランシス・ベーコンは、自然を拷問にかけてその秘密を吐き出させる「知」scientia の力を説いた。新たな経済制度や商品開発は、新たな所有欲を創出する。アメリカで銃規制に反対する人びとが掲げるスローガンは、“Guns don't kill. People do.”である。たしかに銃が人を殺すわけではない。だが銃はその機会と可能性を与える。もちろん、世の中には危険だが有用なものはいくらもある。問題は人がそれをどう使うかだ。その通り。まさにそこに問題があるのだ。

誤解されてはならない。「科学と宗教の対立」といわれる事態は、闇の子と光の子の対立ではない。「敬虔《けいけん》な光の子」と「世俗的な光の子」の対立だ。どちらも光の子だが、どちらも愚かである。人間の理想的な姿のうちに潜む私的利益の暗闇に気づいていないから。そして、闇の子は彼らの愚かさを最大限に利用する。

ジョン・ロックは、自己保存の欲求が理性的な判断によりおのずと合意契約による政府の樹立に至ることを信じた。アダム・スミスは、公益のために私益を犠牲にするという道徳的な理想主義をもちあわせてはいたが、結局は闇の子に利用され、国際資本主義が政府の抑制なしに拡大することを許した。トマス・ペインはもっと簡潔に、公益は私益の総和である、と表明した。マルキシズムもまた、革命後は権力の必要が消滅し、人民はユートピアに生きることができると信じた。彼らはみな、闇の子ではなく光の子である。そしてみな愚かである。人間の善ばかりを信ずるキリスト教徒も、共産主義者と同じほどに愚かである。

そこまで言うなら、ニーバー先生、いったいどうしたらいいんですか？　闇の子になればいいのですか。正義だの理想だのといったお題目をかなぐり捨て、欲望の赴くままワイルドに生き、自分と他人をあざ笑いながらシニカルに生きてゆけ、というのですか——いいえ違います。イエスの言葉の通り、「へびのように賢く、はとのように素直」に生きるのです（「マタイによる福音書」10章16節）。闇の子の知恵をもちつつ、光の子として生きることです。私益の力を知りつつ、それを道徳的に是認することなく、なお諦めずに理想を求め続けることです。

ニーバーは、旧約の預言者アモスに戦後の国際秩序の祖型を見た。アモスによれば、神はイスラエルを導くだけでなく、ペリシテ人も導き、スリヤ人も導く（「アモス書」9章7節）。イスラエルの神は全世界を統括するが、イスラエル自身は歴史の中心でも目的でもない。神は、イスラエルを用いもするが拒みもする。救いもするが審《さば》きもする（このあたり、今のイスラエルの首相にぜひ読んでもらいたい）。これは、人類史にあらわれた最初の普遍史的な世界把握である。

だから世界的な正当性をもった国家は存在しない。ニーバーは、列強の覇権主義が冷戦構造を生むことを予見し、その中でアメリカが果たすべき役割を冷徹に論じた。単なる政治的な現実主義は、闇の子の業《わざ》に堕す。そうではなく、あくまでも正義を内包した平和を追求しなければならない。アメリカは、自分の手で世界の運命を左右できると過信してはならないが、さりとて自国の利益だけを求めて孤立や独善に陥ってはならない。可能な限り世界への関与を続けつつ、それでも歴史の道徳的な曖昧さを免れ得ないことを自覚しなければならない。それが終末論的な歴史理解である。

知られざる日本人教授

ニューヨークは、戦前戦後を通じてこうした世界情勢が集約的に表現される都市だった。だからユニオン神学大学にも、注目すべき世界的な神学者たちが去来している。ニーバーとパウル・ティリッヒだけではない。エーミル・ブルンナーやディートリヒ・ボンヘッファーも、ドイツ語圏からユニオンに留学した。ボンヘッファーは一年未満の滞在だったが、その後の生涯を決定づけるいくつかの運命的な出会いを経験し、ニーバーの懇請を振り切って風雲急を告げる祖国へ帰り、ヒトラー暗殺計画に関与して投獄され、殉教した。

戦後では、一九八〇年に着任した一人の日本人教授のことを記しておかねばならない。小山晃佑である。というより、コウスケ・コヤマと綴るべきかもしれない。アジアで神学者の会議に出席したことのある人なら、この名がどれほど大きな通用価値をもっていたかをご存じだろう。彼は、ユニオンで最初に専任教授となったアジア人であり日本人である。ちょうど神学の文脈化の必要が論じられるようになった頃で、彼の着任はアジアやアフリカの声が神学的な発言権を得たことの具体的な象徴となった。

小山は、プリンストン神学大学を修了後にタイのチェンマイで神学を教えた経験から、神学のアジア化を論じるようになる。それも、宣教師たちが招き入れられて優雅に紅茶を飲む美しい客間の神学ではなく、薄暗い裏の土間で正体不明の材料と格闘しつつ燻煙《くんえん》と喧噪の中でつくられるような「台所神学」の必要性を説いた。聖書の福音は、「アリストテレス」だの「バルト」だのではなく、「バナナ」「胡椒《こしょう》」「雨漏り」「胃痛」など、田んぼの農夫が理解できるような語彙で語られねばならない。次々に出される彼の著作も、『水牛神学』や『時速三マイルの神』などの意表をつくタイトルで人目を惹いた。

見方によっては、小山は常に新しいものを求めるアメリカの神学市場に格好の商品として陳列され、アジア神学の手頃なアイコンとして流通することになった、と言うこともできる。小山自身もそういう自分の立ち位置を理解しており、きまじめな日本の学界では自分の神学が評価されない、ということを知っていた。ただそれにしても、彼はもう少し正当に扱われてよいように思う。彼の退職記念論文集(一九九六年)には、世界各国から一四人が寄稿しているが、日本からは誰も書いていない。その後も日本で彼の神学を扱った授業や学位論文が出たとは聞いていない。

わたしは、東京神学大学の図書館で小山の著作を探したことがある。検索画面で「小山晃佑」と入力すると、該当したのは一件だけで、それは彼の手書きによる卒業論文だった。つまり出版物は一つもない、ということである。Kosuke Koyama でも Koyama Kosuke でも結果は同じく「該当なし」だった。それでわたしは、彼の母校の図書館ですら、小山の著作は日本語も英語も所蔵していない、と判断した。

しかし、これは誤りだった。その後同大学の図書館主任と一緒に再検証を行なったところ、彼の著作はすべてカタカナで「コヤマ　コウスケ」と登録されていたことがわかった。どうしてそうなのかはわからない。きっと紙の目録カードを電子化した際に、アルバイトの学生がそう入力し、そのままになっていたのだろう。まさにそれが、日本神学史における小山の位置づけだった。彼は、卒業したときの日本名でも、その活躍を世界に知られた英語名でも、存在を認知されていなかったのである。念のため付言しておくと、現在は漢字でもカタカナでもアルファベットでも、同じ二四件の図書がすべて表示されるように改められている。

小山は、日本の神学の西洋志向を批判するのに格好の素材として用いられた。しかしそれだけでは、この真摯な神学者の生涯をかけた努力に対してあまりに申し訳ないように思う。わたしの『アジア神学講義』(創文社)は、二〇〇三年にプリンストンで講じた授業をまとめたものだが、おそらく現在も小山の神学を論じた唯一の研究書である。わたしはそこで彼の神学への批判も率直に書いた。だが少なくともわたしは、彼の著作を丹念に読み、正面から向き合い、自分の力の限りに彼と組み合った。それは貧しいながらも、彼の神学的貢献に対する心からの感謝の捧げ物である。

留学生の集まりで

わたしの学生時代には、ニーバーはとうの昔に亡くなっていたが、小山晃佑にはユニオンの教員住宅で何度かお目にかかっている。いつも柔らかい笑みを湛《たた》え、貧しい苦学生たちにせめてもの食事をと、ロイス夫人とともにあたたかくもてなしてくださった。そのような経験をした人は多いだろうし、その誰もが彼の人柄を語ってくれるだろう。

一つだけ記憶に残るエピソードがある。あれは何の会議だったか忘れたが、アジアからの留学生たちがユニオンに集まったときのことである。当時は「アジアの神学」に限らず、神学の脱西洋化・脱白人男性化が進み始めた時代で、「解放の神学」「黒人の神学」「フェミニストの神学」「被抑圧者の神学」などといった「〜の神学」が大流行だった。これらの神学は、総称して〝genitive theology〟(属格の神学)と呼ばれることがある。ところが、ある学生がこのような神学の必要性を熱心に論じるつもりで、何度も堂々と〝genital theology〟と繰り返したのである。英語文化の笑いに性的な表現が占める位置は独特だが、このときばかりはあまりにばつが悪くて、みなどこかヨソを向いて聞かなかったふりをするのに精一杯だった。

19　真理は出来事である――ブルンナー『出会いとしての真理』

帰国と就職

結局わたしは計画通り五年で学位を終えることができた。論文の執筆に集中できたのは、最終年度の家計を妻が支えてくれたおかげである。当時プリンストン郊外に経済情報会社ブルームバーグの支社がオープンし、妻はその日本語部門で働くことになった。アメリカの会社員ってこんな働き方をするのかと（いやそもそも日本の会社で働いた経験もないけれど）、わたしには新鮮な驚きばかりだった。勤務時間はゆったりのんびり、上司や同僚との関係もお気楽で、職場にはいつも新鮮なフルーツとスナックが用意されている。服装もルーズで、週に一度は“pig day”つまり何を着てもいい日があった。わたしはもっぱら朝夕の送り迎えが担当である。

社長のマイケル・ブルームバーグは後にニューヨーク市長になるが、当時から郊外の邸宅に住んでおり、九月のある日、その自宅へ全社員とその家族を招いてくれた。わたしたちも子どもも連れて行くと、テーマパークみたいな広い敷地にアトラクションがずらりと並んでいて、ロバに乗ったり風船を飛ばしたり。家の中では本人が楽しそうにアイスクリームを配っている。今思い返してみると、明らかに9・11以前のおおらかなセキュリティだった。

論文の見通しが立つということは、そろそろ卒業後の進路を考える時期が来たということである。当初わたしはどこかアメリカ国内で仕事を見つけるつもりだったが、わたしをプリンストンへ推薦してくれた母校の教授が「自分は来年退職するから」と、後任に招いてくれた。ところが、こういう話には必ず落とし穴がある。わたしが着任する段になって、本人は特任教授への再任が決まり、退職が五年延びることになった。おそらく初めから見当はついていたけれど、言い出せなかったのだろう。

だから都合六年の間、わたしは専任のポストがないままだった。もらった肩書きは「大学牧師」で、半分は大学教会の働きを担いつつ、半分は授業を担当することになった。この職位は今も残っているが、わたしを処遇するために新設されたもので、厳密に言うと神学的にはあり得ない。なぜなら、「牧師」は「教会」にしかいないからだ。「大学」が牧師を任命することはできない。中世の叙任権闘争と同じで、それは俗権が聖職者をつくるのと同じくらいの無理筋である。

もちろん、大学や病院や軍隊にも牧師はいる。だがそれは、教会が牧師職に任じた者をそこへと派遣するのであって、そういう人は「大学付牧師」(Minister to the University)すなわち「チャプレン」と呼ばれる。日本では、たとえば立教大学などがそうである。だから「大学牧師」(University Minister)という職種をもっているのは、おそらく世界でも国際基督教大学だけだろう。唯一それが可能な理由は、国際基督教大学が「国際基督教大学教会」という独立した公同の教会をもっているからである。いわば、同じ屋号の八百屋と魚屋が背中合わせになっているところで、八百屋の大根を裏口から魚屋へ融通していたような状態、といったらよいだろうか。

そのわたしを励ましてくれたのは、論文指導の副査だったプリンストン大学の宗教学教授である。エドワーズ研究の分野では押しも押されもせぬ第一人者の彼だが、その昔最初にプリンストンからオファーされたのは一年限りの臨時ポストだったという。彼が言うには、条件が悪くても自分の行きたいところに行きなさい、真面目に勤めていればそのうち認められて道が開けるから、ということだった。やがてわたしは前任者の教授職を引き継ぎ、大学の管理業務職を引き継ぎ、研究室を引き継ぎ、おまけにキャンパス内の教員住宅も引き継いで、かつて学生として訪れたことのある林の中の家に自分が住むようになった。

エドワーズの存在論と救済論を扱ったわたしの論文は、指導教授たちの推薦を得て出版されることになった。当初はプリンストン大学出版局から出る予定だったが、担当者がペンシルヴェニア州立大学出版局へ移ったため、四年後にようやくそちらから出版された。校正にはまだ日米をまたぐ郵便で紙のゲラをやりとりした時代である。わたしとしては、アメリカの大学出版局で出してもらえるなら、どこでもよかった。出版の可否を決める際に覆面で査読した研究者は、その後わたしの論文を足がかりに自分でもエドワーズの新しい解釈を開き、わたしたちは学会のたびに同じ一味とみなされるようになった。留学も帰国も、学問も人生も、貴重な出会いに恵まれたことを感謝するばかりである。

若きボンヘッファーとブルンナーがユニオン神学大学へ留学したことは前節で触れた通りだが、当時のヨーロッパ知識人がアメリカに触れるということは、ヨーロッパとその文化を相対化する視点を得るということだった。文化史的な出会いである。ブルンナーは後にヨーロッパの「国民教会」に対して手厳しい批判を加えるようになるが、それは彼がアメリカで「自由教会」のあり方をつぶさに見た経験によるところが大きい。一九二八年にブルンナーはアメリカを再訪し、東部を講演旅行で回る。すると折しも翌年に大恐慌が始まり、「危機神学」という彼の標語は預言者的な響きを帯びて多くのアメリカ人に知られるようになった。さらにその十年後、彼はもう一度アメリカを訪れ、プリンストン神学大学で客員教授として教えている。そういうわけで彼の著作は次々に英訳されて出版され、アメリカで「弁証法神学」と言えば、長くバルトではなくまずブルンナーの名が挙げられたほどである。

『出会いとしての真理』は、そのブルンナーがウプサラ大学で行った連続講演を一九三八年に出版したものだが、その後四半世紀を経て、一九六三年に大きく加筆された第二版が出る。亡くなる三年前のことである。だから同書は、ブルンナー神学の集大成であり最終決定版であると言ってよい。ブルンナー自身も、この本が「わたしの神学研究全体の基盤をなす」と記している通りである。

著者がそこで描き出したのは、聖書的な真理理解の特徴である。ふつう真理といえば、永遠不変で無時間的に「ある」ものだ。しかし聖書は、「めぐみとまこととは、イエス・キリストをとおしてきた」(「ヨハネによる福音書」1章17節)という。それは「成った」真理であり、「やって来た」真理である。われわれはその真理に「出会う」のである。真理は、出会いにおいて生起する。つまり、真理ははじめからどこかにごろんと転がっていて、それを何らかのしかたで人間が見つけてくる、というのではない。それは、人間が受け取った瞬間に、真理と「なる」のである。

ここには、二十世紀前半の哲学がしばしば問うてきた「主観客観図式」の超克《ちょうこく》という課題がある。ギリシア的な観念論の理解だと、まずどこかに真理が存在し、それを自分がどうやって手に入れるかが問題になる。つまり、客観としての真理をどのようにして主観が獲得するか、を問うことになる。神学も同じ問い方をしてきた。信仰をもつということは、どこかに正しい教理の集成体があって、それを自分でも肯定するようになることだ、と考えられている。つまり、まず信仰対象が客観的に存在していて、それを主観的に受け入れることが信仰だ、という理解である。これが「客観主義」の誤謬《ごびゅう》である。

誤謬の二形態

しかし聖書は、人が真理に「出会う」という。だからそれは、人間のうちにもともとあったものではない。ソクラテスによれば、真理はすでに人間のうちにある。人はそれを忘れているだけで、「助産婦」たる哲学者が思い出させてくれれば手に入るものである。だが聖書では、真理は世界の外から人間のもとへやって来る。人はそれに出会うのである。こちらから出かけていって摑《つか》まえるのではない。出会いは、人が自由に起こせるものではない。真理は、夜明けの訪れのように、向こうから明けてくるのである。

客観主義の誤謬は、キリスト教の歴史に繰り返しあらわれる。たとえば、カトリックのミサは神の恵みを「モノ」化する儀式である。ミサに使われるホスティア(パン)がウエハースみたいに薄く焼いてあるのは、舌に載せるだけで溶けるように、つまりキリストの身体を噛《か》まないで済むように、という物理的な配慮があるからだ。他にも、ミイラ化した聖人の身体の一部を崇《あが》める「聖遺物」信仰など、その即物性はほとんどグロテスクなほどである。

本来、聖礼典における神の臨在は、キリストの自由な約束の言葉に基づいている。それは特定の人間が決まった所作をしたり呪文を唱えたりすることで自動的に作り出されるのではなく、誰もがその度ごとに祈り求めるべき恵みである。だが、毎回そんなことを祈り求めるのは面倒だ。だからもう少しお手軽に扱えるように、棚にしまっておいていつでも好きなときに取り出して使えるモノにしたい。これが客観主義の誘惑である。それは、信仰の魔術化であり、神の恵みの物象化である。日本語でも、何かや誰かを「モノにする」というのは、「手に入れる」「自分の所有とする」ことだ。

ブルンナーがカトリックのミサにここまで批判的なのは、彼が同じチューリヒ出身の宗教改革者ツヴィングリの衣鉢《いはつ》を継いでいるからである。ただしブルンナーは、プロテスタントの聖書主義にも同じように容赦のない批判を向ける。プロテスタント教会は、聖書を重んじるあまり、あの本一冊をまるごと「神の言葉」として物象化してしまった。だからその中の言葉は一字一句、句読点に至るまで間違いがないという「聖書無謬説《むびゅう》」に嵌《は》まり込んでしまうのである。プロテスタントはカトリックの「教皇無謬説」を批判するが、自分たちが聖書という「紙の教皇」(Paper Pope)を崇拝していることに気づいていない。

聖書は、モノとしてそこに存在しているときにも神の言葉で「ある」わけではない。だからあの分厚い本は、ドア押さえにもなるし昼寝の枕にもなる(ブルンナー先生はそんな不敬なことを言わなかったけど)。聖書は信仰を証言する人間の言葉であって、それ自身が信仰の対象なのではない。それを聞いた人の中で、神の言葉と「なる」のである。神の言葉として生起し、現象し、人はそれに出会うのである。聖書無謬説は、保守的なファンダメンタリズムの特徴で、あたかも大昔から人びとがそう信じてきたかのような響きがあるが、実は聖書の批判的研究に対する反動として始まった近代の産物にすぎない。

バルトとのバトル

神学者たちはいつもこんなふうに他人の神学を批判している。もともと神学者というのはお互いに仲が悪いもので、昔から〝odium theologicum〟(神学的憎悪)という言葉があるくらいだ。しかし、ブルンナーとバルトの歴史的な大げんかほど有名なものは少ないだろう。このけんかには特に学ぶところが多い。どちらもスイス人で、いわゆる「弁証法神学」の両雄として現代神学の基本的な骨格を作り上げた二人だが、神人関係の理解で大きく袂《たもと》を分かつことになる。

けんかといっても、腹を立てていたのはもっぱらバルトのほうである。ブルンナーは、すでに最初のアメリカ留学の頃から、バルトの神学が人間の文化や宗教に否定的すぎることに疑問を抱いていた。たしかに神は「絶対他者」かもしれないが、その神が被造世界に「善し」と語り、受肉して人となった、というのが聖書の理解である。だからブルンナーは、人間には啓示を認識しこれに応答する責任能力が付与されている、と論じたのである。

これに対してバルトは、神と人を結びつけようとするいかなる試みも峻拒《しゅんきょ》した。当時ドイツのプロテスタント教会は、ワイマール体制下で失われた公的地位の復権を秘かにヒトラー政権に託すようになっていた。ドイツで教えていたバルトは、ナチズムという政治宗教の欺瞞《ぎまん》を真っ先に告発するはずの教会が次第に懐柔され取り込まれてゆく姿を見て、強い危機感を抱いた。

もちろん、スイスに留まっていたブルンナーにそんなつもりはない。ただ神と人との間に結合点がある、と書いただけである。だがバルトのほうでは、周りの神学者たちが次々にナチズムへとなびくのを見て、長年の友であったブルンナーに対しても、「ブルータスよ、お前もか」という思いを抱いてしまった。一九三四年にブルンナーが『自然と恩寵』を発表すると、バルトは『否《ナイン》!』という題の断固たる高飛車な批判論文を返し、ブルンナーとの神学的共闘ばかりでなく友情関係をも清算してしまった。バルトはその翌年、ヒトラーへの忠誠宣誓を拒否してボン大学を罷免され、バーゼルへ帰る。激しい闘いの時代だった。

二人の断絶後も、ブルンナーは神学的な国家論や文明論を執筆し、チューリヒ大学の総長を務め、戦後はＹＭＣＡの神学助言者として世界各地を講演で回るなど、精力的な活動を続けてゆく。ブルンナー神学の体系的な叙述である『教義学』は、第一巻が一九四六年に、第二巻が四年後の五〇年に出て、順当にゆけば数年後に第三巻が出て完結するはずだった――。

国際基督教大学（ＩＣＵ）へ

ところが、その完結編がなかなか出ない。世界中の読者が首を長くして待っていると、ようやく十年後の一九六〇年にそれが公刊されるのである。なぜそんなに長くかかったのか。第三巻の「序文」には、次のような説明がある。

教義学最終巻を仕上げるという私の約束を成就することは、一九五三年に生じた招待によって延期されざるをえなくなった。それは、東京の国際基督教大学の設立のために二、三年間共同の働きをするように、またそこで《キリスト教の諸問題》の講師として大学人や知識人の間で宣教師的な活動を行なうようにという招聘《しょうへい》であった。この呼びかけに応じることは、私には深い個人的な欲求であった。というのは、一九四九年に初めて日本を訪問した時、今日の世界において日本がキリスト教化されれば、いかに大きな歴史的意義を持ち得るかということを示されたからである。したがってキリスト教信徒の新しい世代の教育のために、大学教育という形で援助することは心そそられる使命だったのである。

（『ブルンナー著作集』第四巻、教文館）

こうして彼は一九五三年秋、ＩＣＵに赴任した。今のように豊かな日本ではない。敗戦直後の貧しく荒廃した極東の島国、そのまたさらに小さな無名の創立されたばかりの私立大学である。そこにチューリヒ大学の総長を務めた世界的な神学者がその職を辞して赴任するなんて、おそらく当時も今も、常識では想像もつかないことだろう。渡航直前にフラウミュンスター教会で語った説教によれば、彼はこれを神の召命と受け止めており、敗戦で荒廃した日本の精神的な再生に尽くす覚悟をしていたことがわかる。

その決意に違《たが》わず、伝道者・教育者・神学者、そして何よりも友としてのブルンナーは、二年にわたり心血を注いで学生たちに語りかけ、献身的な教育に尽くした。あまりの献身ゆえに健康を損ねた彼は、帰途インド洋上で脳出血による瀕死の病を得たほどである。前述の『教義学』最終巻は、そのために口述筆記となり、上梓がさらに遅れる結果となった。ICUは、その恩恵を忘れることができない。わたしが習った先生や先輩たちも、ブルンナー先生の大切な思い出をしばしば語ってくれた。後日チューリヒを訪れた卒業生に彼は、「スイスにはわたしの心の半分しかない。あとの半分は日本に置いてきたのだ」と述懐したという。

とはいえブルンナーは、日本がすぐにキリスト教化するなどと夢想していたわけではない。日本のキリスト者は少数派に留まり続けるが、それでも民主社会の精神的基盤を整える上で大切な役割を担うことができる、というのが彼の確信だった。日本のキリスト教界も、最恵待遇でブルンナーを迎えたとは言えないだろう。神学者たちは当時も根っからのバルト好きだったし、共産主義が期待を集めていた戦後しばらくの時代には、それに批判的なブルンナーを評価する声は少なかった。

ブルンナー自身も、日本の教会がバルト主義の悪影響で知的になり過ぎ、頭でっかちで大衆社会への発信や実践に弱いことをはっきりと指摘している。わたしも自分が四国松山の教会でしていた説教のことを思い出すと、その批判があまりに正しくて赤面するばかりである。ヨーロッパの共産主義がその後辿《たど》った歴史的な結末を見ると、そこに民主主義の新たな可能性を見ようとしたバルトよりも、その本質的な不可能性を見極めていたブルンナーのほうが結局は正しかったのかもしれない。

象と鯨

こうしてブルンナーの「出会いの神学」は、彼を日本へと導いた。国際基督教大学は、二十世紀の神学史に小さくその名を刻んでいる。わたしは二〇〇六年に彼の『出会いとしての真理』第二版を訳出したが、その出版に国際基督教大学出版局の協力を得られたのはまことに幸いだった。「あとがき」には、ここに記したようなブルンナーとＩＣＵとの縁《ゆかり》を紹介してあり、新任教職員に大学の歴史を知ってもらう材料として重宝した。

同書を読むと、ブルンナーが「肘掛け椅子の神学者」ではなかったことがよくわかる。彼は「人はいかにしてキリスト者となるのか」「人を信仰へと駆り立てるものは何か」などの問いを立てるが、周囲の誰もがキリスト教徒であるような当時のヨーロッパ社会からは、このような問いが出てくることはなかっただろう。だから彼の神学は、今の時代にこそ、ヨーロッパでも日本でも有意義なのである。

ブルンナーとバルトとの関係には、さらにもう一つ出会いの輪が重なってゆく。バルトはバーゼル、ブルンナーはチューリヒに住んでおり、その間の距離はほんの八十キロほどにすぎない。だが、二人にとってその心理的距離は大きかったようである。最初にその間を旅したのはバルトだった。ブルンナー夫妻がＩＣＵに向けて出発する日、バルトはチューリヒ空港へ別れを告げに来たのである。ほんの短い挨拶だった。その次の再会は、ブルンナーが帰国してようやく例の『教義学』最終巻を上梓した一九六〇年のことである。ブルンナーは、同巻をバルトに直接手渡すことを思い立ち、今度は彼がバルトを訪ねてバーゼルに赴くことになった。

このとき二人の仲立ちをしたのは、ジョン・ヘッセリンクというアメリカ人である。ヘッセリンクは、後にアメリカ改革派教会の宣教師として東京神学大学で教える(一九六一～七三年)が、その前に日本語を勉強するために来日しており、ちょうどそれがブルンナーのＩＣＵ滞在の時期に重なったのである。彼はＩＣＵキャンパスのブルンナー宅で開かれた神学サークルに参加し、ブルンナーが英語で講義をするのを助け、その後バーゼルへ留学してバルトのもとで学位を取得した。だから彼は、バルトとブルンナーの和解を仲立ちするのに最適の人物だったわけである。

晩年のブルンナー(左)とバルト

ヘッセリンクによると、一九六〇年にバルトの自宅で再会したとき、二人の会話は最初ぎこちなかった。まるで十代の若者が初デートをしているみたいだったという。よくウェブ記事で見かける二人の写真は、年老いた巨人同士が静かに向き合っている姿だが、あれを撮ったのもヘッセリンクである。和解が始まった頃、バルトはお互いの関係を象と鯨にたとえて語っていた。二つの巨大な生き物はともに神の善なる被造物だが、陸と海でお互いを知ることもなく存在し続けたのだと。「それで、あなたはそのどちらなのですか」と尋ねられると、自分はもちろん鯨だ、とバルトは答えたという。鯨のほうが広い海で自由に泳ぎ回れるから、らしい。バルトは死ぬまでバルトだった。

一九六六年の春、ブルンナーの容態悪化を知ったバルトがもう一度手紙を書く。フラウミュンスター教会の後任牧師に、こんな言伝《ことづ》てを頼んだのである。「もし彼がまだ元気なら伝えてほしい、誰に対してであれ、「否」を言うべき時代はとうに去った。今は、われわれすべてに向けられた神の恵み深い「然り」の事実によって生きるべき時だ」——四月五日に死の床でこの手紙を読み聞いたブルンナーは、穏やかな微笑みを見せた後、静かに牧師の手を握り、数分後に昏睡状態となって、翌六日に永遠の眠りについた。バルトの和解の言葉が、地上で聞いた最後の言葉になった。きっと二人は今もあちらで永遠の対話を続けているに違いない。

20 運命と自由——バーガー『聖なる天蓋』

日本の3K

二十世紀神学者の3Bといえば、バルト、ブルンナー、ブルトマンあたりだろう。人によっては、ボンヘッファーを加えたいかもしれない。実は、ちょっと手前味噌だが、日本の神学者にも3Kというのがある。すでに紹介した北森嘉蔵と小山晃佑、それに賀川豊彦である。三人目の賀川は、厳密に言えば神学者ではないし、彼の名を覚えている人は国内でもあまり多くないだろう。だが、ひとたび日本の外に出ると、トヨヒコ・カガワの名は絶大である。わたしも最初にプリンストンのスピア図書館へ入ったとき、彼が筆を揮った「敬天愛人」の巨大な掛け軸がぶら下がっているのを見て仰天したものである。

賀川豊彦を一言で紹介するのは難しい。牧師で政治家、小説家で社会運動家。前回紹介したブルンナーは、戦後間もない日本を訪れて帰国した際、「天皇に会いましたか」と「賀川に会いましたか」という二つの質問を繰り返し受けたという。当時の日本人としては畏れ多いほどの知名度である。彼はどちらの質問にも肯定で答え続けたが、あまりに頻繁に問われて辟易し、賀川を紹介する論文を書いて答えの代わりにしたという。賀川は、「日本のシュヴァイツァー」などと称《たた》えられ、戦後はアインシュタインやニーバーらとともに国際平和会議の委員にも推された。

若き賀川は、神戸のスラム街で五年活動した後、二六歳でプリンストンに留学している。ちょうど新しい学長が大学と神学校の単位交換を奨励し始めた頃で、賀川は大学の生物学、特に比較解剖学や古生物学や遺伝学といった授業を次々に受講した。というのも、彼の正直な告白によると、神学校の授業は「つまらなかった」からである。何といってもこれは、一九一四年のことである。復古主義で名高い往年のプリンストン学派が幅を利かせていた時代で、彼らの授業が気宇壮大な青年賀川を退屈させたのも無理はない。賀川は特別許可をもらい、月二五ドルの奨学金を支給される身でありながら、神学校への出席を免除されて大学の授業を受け続ける。その結果、たぶん今で言う「ダブルディグリー」のような制度なのだろう、二年後にプリンストン神学大学から学士号を、プリンストン大学から修士課程の修了証を同時に得て帰国することになった。

この寛大な措置のおかげで、賀川は進化論とキリスト教信仰との完全な調和を確信するに至っている。彼の理解によると、進化論は「生存競争」ばかりを強調するが、「生存扶助」もある。社会性をもつことは、むしろ生存に有利に働くことが多い。だから人間社会でも協調と友愛を大切にして、農民や労働者の組合を組織し、生活協同組合の運動を進めれば、人類皆同胞となって宇宙的な平和が実現されるに違いない……。

というのが賀川の経歴と思想なのだが、留学中のわたしは何一つそんなことを知らなかった。一九八八年にプリンストンで賀川の生誕百年祭が催され、その時はじめて、異国の地でかくも盛大に記念される賀川豊彦とはいったい何者なのだろう、と思うようになった次第である。その二十年後、わたしは賀川の功績を記念する「カガワ・レクチャー」に招かれ、この「忘れられた預言者」と正面から向き合うことになる。同講演は数年に一度プリンストンで企画されており、わたしの前の回を担当したのは小山晃佑だった。彼は終戦直後の東京で賀川の肉声を聞いているが、わたしは小山より一世代ほど後の生まれで、生前の賀川に会ったことはない。賀川はわたしにとって「忘れられた」のではなく初めて知る人で、それも本を通して知った偉人である。そんな自分がこの栄誉ある講演にふさわしいとは思わない。だが考えてみると、講演を聴きに集まったほとんどのアメリカ人にとって、賀川はいっそう未知の人だったはずで、つくづく彼の影響力の大きさを思い知らされた。よい本は時を超えて人を動かす。

もう一人のB

Bのほうでは、もう一人わたしがよく読んだBがいる。ピーター・バーガーである。オーストリア生まれのアメリカ人で、彼も厳密には神学者とは言えないだろう。本人の弁によると、戦後すぐにアメリカへ移住してきて、牧師になるつもりだった彼は、まずアメリカ社会を知ろうとして「間違って」社会学を学び、そのまま社会学者になってしまったという。その後も神学校や大学で神学を教えたことはあるが、専門的に神学を学んだ経歴はない。本人もよく「自分は神学者ではない」と断っている。

この断り書きは、どんな宗教にも歴史的な相対性を飛び越えるような特権的地位を与えない、という経験科学的な出発点の確認に他ならない。しかし同時に彼は、自分の「方法論的な」無神論が「ただの」無神論と誤解されることを嫌った。同じ経験科学の論理からして、洪水のごとく溢れかえる人間の宗教的な投影の中に何らかの「超越のしるし」が含まれている可能性を排除することはできないからである。

バーガーの本にはとてもお世話になった。彼がトーマス・ルックマンとの共著で出した『現実の社会的構成』は、マックス・ウェーバーの『プロ倫』などと並んで「二十世紀に書かれたもっとも重要な社会学の五冊」のうちの一冊に数えられている。同書のせいで著者二人はポストモダン的な社会構築主義の親玉に祭り上げられてしまった観があるが、爾後の学界に大きな影響力をもったことはたしかである。他にもわたしは彼の著書を一冊翻訳したし、内容はぜんぜん違うけれど、自分の書いた本がバーガーの本と同じ題名になってしまったこともある（『異端の時代』岩波新書）。

授業でもよく彼を引用した。なかでも特に重宝したのは、彼の「聖なる天蓋」論である。バーガーの理解によると、社会は人間の作る制度や法律や言語の体系（ノモス）として成り立っており、人間はそのノモスを自分のうちに取り込むことで成長し大人になる。優れたノモスは、それが人間によって作られたものだということを上手に隠蔽する。あたかも太古の昔からそうであったかのように信じ込ませるのである。そのとき、ノモスはもっとも有効に機能している。経済秩序を支える通貨体制、あるいは原発の安全神話を思い出してみればよい。だが、人間が共同の思い込みで作り上げた世界である以上、それはどうしても不安定で、ときに深刻な裂け目を生じさせる。そのとき人は、それまで自明で当然だと思っていた規範秩序がちっともそうではなかったことに気づき、規範喪失(アノミー)状態に陥る。

バーガーはたぶん、このような事態を救う究極的な象徴の体系のことをコスモスと呼んでいる。コスモスは、ノモスに宇宙的な秩序という永遠の装いを与えて正当化したものである。世に「宗教」と呼ばれる人間の営みもここに含まれている。なぜそんなことをするのか。人は、日常的な次元に収まりきらない大きな危機に遭遇したとき、そこに何らかの意味を見いだそうとするからである。混沌に呑み込まれそうになると、人はその不条理を何とかして合理化し、自分を納得させようとする。コスモスは、そういう人間の喘《あえ》ぐような意味づけの努力に係留点を提供する「聖なる天蓋」として、優しくこの世界を覆っているのである。人はコスモスに再接続することで、自分の存在の意味を確認し、いわば自分を世界につなぎ止めることができる。

ノモスとコスモス

バーガーの説明はそれで十分なのだが、わたしがコスモスという言葉を用いるときには、もう少し違う意味も含まれている。コスモスは、ノモスの延長や拡大ではなく、その正当化や神聖化でもない。そもそも人間の手によって作られたのではない自然世界のことである。フュシス(physis)と言ったほうが近いかもしれない。人間とは無関係に存在し、それ自身の法則によって運行されている世界秩序のことであり、調和的な全体宇宙のことである。少なくともこの言葉を最初に使った古代ギリシア人にとって、コスモスとはそういうものだった。これはレーヴィットという哲学者から学んだことで、わたしの解釈はむしろそちらに引っ張られている。

たとえば、杜甫の「国破れて山河あり」という五言律詩を思い出してみる。杜甫は、都の長安が戦乱で破壊され、政治社会の秩序が崩壊した現実を嘆いている。彼の嘆きをいっそう際立たせているのが、変わりなくめぐり来たのどかな春の山河との対比である。おそらく、ふだんなら気にとめることもなかったその自然秩序の美しさや調和、その穏やかで泰然とした存在が、ノモスが壊れたときに露わになるのである。ノモスの裂け目から、ふだんは隠されているコスモスの存在が姿をのぞかせる。コスモスは、人間の構築物ではない。だから壊れない。世間の浮き沈みに左右されない。人間の心に寄り添ったり忖度したりしない。そういう存在に再接続することで、人は自分の位置を再確認し、存在を肯定することができる。

だから人間にはお祭りが必要なのである。世間の秩序を無視した無礼講が設けられるのである。祝祭や儀礼によって、人はノモスを離れたコスモスを実感し、より原初的で本能的な存在の感覚を取り戻す。ここはエリアーデだ。繰り返し回帰する永遠の秩序に浸り、安らぎを得るのである。レクリエーションとは再創造(re-creation)に他ならない。

そう考えてゆくと、宗教はもともと存在論の範疇で機能するものであることがわかってくる。仮にある日、外で遊んでいた子どもが事故に巻き込まれた、という報せを受けたとしよう。そのとき、病院へ駆けつける親は、ただひたすら子どもの無事だけを祈る。それ以外のことは何も考えない。病院に着くなり「あんた今日のテストは何点だったの」などとは聞かない。優等生であるかないか、勉強ができるかどうか、そんなことはどうでもいい。「ああ無事でよかった」――それだけである。その子がどういう子であるか(how)ではなく、生きていて無事で元気でいること(that)だけが問題なのである。存在が究極的な関心事になる。

あるいは、映画『もののけ姫』のラストシーンを思い返してみる。鉄や銃という文明をもった人間たちの血みどろの戦いが終わると、湖畔の夜がゆっくりと明けてゆく。周囲の枯れた山に、春の緑が戻ってゆく。人間のつくり上げたノモスは、愚かな戦争で脆くも崩壊する。だが、どんなに荒れ果てようと、山の自然は春を迎え、命の息吹を回復させる。人間がそれを力で屈服させることはできない。これがコスモスという存在である。

懐疑論者の信仰

もう一点、バーガーを下敷きにしつつも、もう少し広く解釈したいと思うところがある。これは、彼自身が以前の共著者ルックマンと見解を異にすることを告白している箇所である。ルックマンは、人間が本来的にもつ自己超越という能力の発現すべてを「宗教」に含める。人が意味を求め、世界を構築し、自分の価値観をもつこと全部である。とすると、科学もナショナリズムも精神分析の空想的解釈も、すべてが宗教ということになってしまうだろう。それでは少し定義が広すぎるのではないか、と思ったバーガーは、「じゃ誰が宗教的でないことになるんだ?」と尋ねたという。するとルックマンは答えた、「犬さ」。

それ以降バーガーは、「聖なる天蓋」を何らかの超越性や神聖性を帯びたものに限定して使うようになった。それもよくわかるが、わたしの理解はもう少しルックマン寄りである。人間として生きる上で誰もがもっている価値秩序の体系からすると、そこには濃淡の違いがあるだけで、「ここから先は宗教です」みたいな画然とした線を引くことはできない、と思われるからだ。これを神学者ティリッヒの言葉に翻訳すると、「究極的関心」(ultimate concern)となる。そこには、愛であろうと金であろうと、自分の人生を究極的に左右すると思われるほど強い関わりをもつものなら何でも含まれる。まあこれも、バーガーを神学者と呼ぶよりティリッヒを宗教学者と呼んだほうがいいのかもしれない、という程度の話だけれど。

わたしが友人との共訳で出した『現代人はキリスト教を信じられるか――懐疑と信仰のはざまで』(教文館)は、神学と宗教学という両方の関心が織り合わさったとても魅力的な本である。たしか以前にも「ガルーダが飛ぶ」話を引用したことがあるが(第6節)、社会学者の健康的な懐疑論を前提としつつ、彼自身の宗教観がとても明快かつ愉快に語られている。バーガーは冗談や小話でもよく知られており、それだけで本を一冊書いているほどである。わたしの訳書にもそれがふんだんに盛り込まれていて、訳しながらよく笑わせてもらった。一つだけ紹介しておくと、新約聖書を研究する学者がもつ自分の信仰のことをこんな譬《たと》えで語っている。「産婦人科の医者は、よくあれで自分のセックスができなくならないものだ！」あられもない譬えでまことに恐縮だが、学問上の関心と自分の実生活との関係が絶妙に描写されており、この一節だけでもこの本を読む価値があろうというものである。

前節に続いて今回も自分が訳した本なので「読書遍歴」に含めるのはやや気が引けるのだが、最終回ではどうしてもバーガーのこの本に登場してもらわねばならない。実はそれは、連載開始時から決まっていた終着点である。この本を通して、五十歳の自分に小さな自己発見が起きたからである。

遥かな成就

日本の教会では、毎年十一月になると、その教会の関係者で亡くなった人を偲ぶ記念礼拝がもたれる。わたしが出席しているのは大学教会なので、大学の創立期からの関係者を偲《しの》んで祈るひとときがある。その年も例年と同じように亡くなった人びとの名前を聞きながら、わたしは自分の生母のことを考えていた。ちょうどバーガーのこの本を読み始めた頃だった。

はじめのほうに書いたことだが、わたしは幼時に母を亡くしており、その後に育った家庭では生母のことは封印されて誰からも聞くことがなかった。しかし親戚の人から、母が亡くなる前に教会に通っていた、ということを聞いていた。本当かどうかわからない。わたしは、自分が生母のことを何も知らない、ということに思い至った。

そこで、家に帰って調べ始めた。たしか当時は川崎に住んでいたこと、バプテスト教会と聞いたような気がすること。わたしは、インターネットで探し当てた教会に、一通の手紙を書いて送ってみたのである。「前略、突然お便り申し上げます。実は、わたしの母は福島淑江と申しますが、ずっと昔にどこかの教会で洗礼を受けたと聞いております。もしかして、お宅に記録が残っていないでしょうか」

すると、ほどなくしてこんなお返事をいただいた。「お便り拝見しました。お母様の名前は、よく存じ上げています。というのも、その名前は私たちの教会の召天者記念礼拝で毎年一番はじめに読まれる名前だからです。設立されたばかりの教会でしたが、その教会で最初に召されたのがあなたのお母様でした。当時の牧師は、いま西南学院の理事長をしております私の父ですが、九州に電話をしたら、お母様のことをよく覚えていました。教会員としての記録も残っています。お母様は、一九六一年の十一月十三日に洗礼を受けられました。愛唱讃美歌は二九八番「安かれわが心よ」。召された時には、みんなでこの讃美歌を枕元で歌ってさしあげたということです。ここに、お母様の信仰告白を同封します」

わたしは、その時までまったく知らなかった。自分の母が洗礼を受け、一年足らずの後に亡くなったことを。はじめて見た母の直筆が信仰告白であったということにも、強い繋がりを感じた。当時二八歳だった母は、四歳のわたしを抱え、次第に弱ってゆく自分を見つめながら、こんなふうに綴っている。

一年あまりをかけて、ようやくキリスト者として生きる決心をすることができた。将来の不安はあるが、すべてをよきにはからってくださる神を信じて、与えられた残りの日を過ごしてゆきたい。特に、後に遺してゆく子どもを、神の手に委ねる。この子の魂の教育を、主なる神に委ねたので、そのことについては、今自分は安心して死を迎えることができる。

わたしは、半世紀も前の母の思いをようやく受け取ることができたように思った。自分は、不幸な子ども時代を過ごし、ひたすらそこから抜け出すことを願い、一人で洗礼を受け、一人で決心し、一人で牧師になったつもりでいた。けれども、そこには幼い自分を神の手に委ねて、魂の教育を祈った母がいたのである。

成長した子の姿を見ることができないと知っていた母は、街で高校生の姿を見ると、わたしが成長したらどんなふうになるのだろう、と思いながら、知らぬ間にその後をついて行ってしまったという。それほど強い思いが、この信仰告白に込められている。その話を思い出しながら、大人になってから手に入れた何葉かの写真を取り出して見直していると、それまでまったく気にとめていなかった一枚にひどく驚かされた。何とそこには、幼い自分が母と一緒にふとんの上で就寝前のお祈りをする姿が写っていたのである。わたしはそれまでその写真を何度となく見ていたのだが、それが祈りの姿であることにまったく気がついていなかった。しかしそれは、まぎれもなく母が私と一緒に祈っている姿である。自分に残された短い時間で、何とかして子どもに信仰を伝えたかったのだろうと思う。その祈りが、何十年という年月を経て、いつの間にか自分の身に実現している。そのことに気がついて、思わず身を震わせた。

わたしは生れた時から、あなたにゆだねられました。
母の胎《たい》を出てからこのかた、
あなたは私の神でいらせられました。

（「詩篇」22篇10節）

自分の名前にはからずも織り込まれた「杏」（あめんどう）という字の正体が時を超えて姿を現し、わたしはようやく自分が自分になったことを悟った。自分の名前と折り合いをつけることができた。今でもあまり好きじゃないけれど、まあしかたがない、残りの人生をそれでやってゆこうと覚悟を決めることができた。

運命と自由

そんなのはただの偶然だ、と人は言うだろう。それで一向にかまわない。信仰は常に個的で実存的である。万人が認める神など存在しない。だからわたしはわたしの物語を自分に紡ぐ。誰もがそうなのだ。救済とは、人が自分の人生を一つの物語として首尾よく解釈できるようになることである。真っ暗な地下鉄の線路を歩いた昔日の彷徨を思い返せば、わたしが存在していることは、わたしにとって奇跡である。

あるものが本来なるべきものになる。自分に内在する本性を実現し、はじめからなるように定められたものになる。アリストテレスならそれを「徳」と言うだろう。エドワーズなら「存在の成就」と言うだろう。ティリッヒなら「存在への勇気」と言うだろう。自分が読んできた本の言葉があちこちで立ち上がって声を上げているかのように聞こえる。よい本を読むということは、結局それらの本を通して自分を解釈する手立てを得る、ということなのだと思う。

バーガーはローマ皇帝ユリウス・カエサルが抱いた「疑い」に触れて、こんなことを書いている。カエサルは、まったくの無神論者だった。ローマの宗教儀礼も、ただ政治的に有用だから執り行なっていたにすぎない。だがその彼ですら、ときに自分の無神論を疑うことがあった。政争や戦争に勝ったとき、彼は「自分より偉大な力が自分を導いている」と感じたという。その勝利によって、自分の与《あずか》り知らぬ何か別のより大きなことが達成されるような感覚。といって、そこに自分の意志が含まれていないわけではない。自分が志して選び取ったのだけれど、同時にそれ以外の選択はあり得なかったように感じられる道。自分はたしかにその舞台に立つ主人公なのだけれども、そんなことはどうでもよくて、その自分の選択や行為がそのまま自分も知らずに演じている何か大きな物語の一部になっている。その何かわからない筋書きを「運命」と呼んでもよい。

運命という言葉には少なくとも二通りの意味がある。英語で言うと、“fate”はたまたま外から降りかかってきて否応なく従わねばならない何かだが、“destiny”はあらかじめ定められた「行き先」(destination)にたどり着いて完成するような何かである。人はそこで、自分という存在の意味が成就し、目的が果たされ、使命が遂行されたと感じる。まことに、「運命は望む者を導き、望まぬ者を引きずる」

（第14節末尾参照）。ティリッヒに倣ってこれを解釈すると、引きずられるほうの運命はfateで、導かれるほうの運命はdestinyだろう。運命とは、所与によって形成された自分のことである。人はそれを自分のものとして引き受け、それに乗って進む。だから運命をもつ者だけが自由をもつ。運命は自由の基礎であり、その成就は自由の結実である。

あとがき

本書は、二〇二二年十二月より二〇二四年七月まで月刊誌『世界』に掲載された連載「ボナエ・リテラエ――私の読書遍歴」(Bonae Literae: My Personal Journey of Good Reading)をまとめたものである。最初に企画の相談を受けた時には、自分にそんな内容の本が書けるかどうか、他人《ひと》様が読んで意味があるようなものになるかどうか、まるで自信がなかった。それで少しずつ書いて試してみる、ということで始まった連載である。編集担当は前著『異端の時代』以来お世話になっている堀由貴子さんで、ちょうど堀さんが同誌の編集長に就任する号が連載の第一回となった。

わたし自身も三十年勤めた大学から別の大学に移ったばかりで、当初は学内外の業務に埋没する毎日だったが、途中から何となく二十回までの見通しがつくようになった。出来上がったものの全体を読み、単行本化を勧めて特にご尽力くださったのは編集部の島村典行さんである。島村さんの編集眼のおかげで、その二十回がおのずと四つのまとまりになっていることも見えるようになった。

単行本化にあたっては、連載時の言葉遣いを書き改めたが、あえて連載の雰囲気や時間経過がわかるように残したところもある。書き終えて振りかえってみると、後で書くつもりだったのに結局書くに至らなかったこともいくつかある。その一つがルドルフ・ブルトマンの奇跡論だが、これは本書全体を通して書いたこと、すなわち「わたしが存在していることは、わたしにとって奇跡である」という一言で代用しておく他ない。

聖書の引用には、日本聖書協会の口語訳を使用した。自分が昔から親しんでいるということもあるが、その後に刊行されたいくつかの新しい訳と較べても、二十世紀半ばに出たこの版がまだ優れていると思われる点があるためである。

なお、連載時に波多野精一の回で「修士」という学位に触れたところ、国会図書館に勤務する柳澤健太郎氏より、「修士」の学位が導入されたのは戦後で、波多野の時代にはなかったという指摘をいただいた。国会図書館が所蔵する根拠資料とともに教えられ、今般その部分を修正できてありがたいが、嬉しかったのはそれがかつて親しく教えた学生だったことである。昔からこういうことにこだわりの強いやつで、いかにも彼らしい緻密な仕事ぶりである。立派になったなあ、となぜかこちらも誇らしい気持ちになった。柳澤君(齋藤君)、ありがとう。

他にもおそらくいろいろ思い違いをしていることがあるだろう。読者のご指摘とご寛恕を乞う次第である。本文にも書いたことだが、よい本を読むということは、結局それらの本を通して自分を解釈する手立てを得る、ということなのだと思う。そういう自己解釈の営みは、ある程度の年齢になればきっと誰もが自分なりに行なっているのではないだろうか。わたしの場合、犯してきた大小の悪事を謝ってばかりで、自分でも恥ずかしくなるが、過去の闇が深ければ深いほど、そこから救われたことへの感謝も大きい。読者の方々にも似たようなご経験がおありかもしれない。そのような自分史への旅立ちのきっかけとして本書が読まれるならば幸いである。

二〇二四年盛夏

森本あんり

森本あんり
1956年生まれ．国際基督教大学，東京神学大学，プリンストン神学大学を修了（Ph. D.）．国際基督教大学教授，学務副学長を経て2022年に名誉教授．同年より東京女子大学学長．プリンストン神学大学とバークレー連合神学大学で客員教授を務めた．近著に『反知性主義』『不寛容論』（新潮選書），『キリスト教でたどるアメリカ史』（角川ソフィア文庫），『異端の時代』（岩波新書）など．

魂の教育 よい本は時を超えて人を動かす

2024年11月6日　第1刷発行

著　者　森本《もりもと》あんり

発行者　坂本政謙

発行所　株式会社 岩波書店
〒101-8002 東京都千代田区一ツ橋2-5-5
電話案内 03-5210-4000
https://www.iwanami.co.jp/

印刷・法令印刷　カバー・半七印刷　製本・牧製本

ISBN 978-4-00-061669-0　Printed in Japan